蒼い炎Ⅲ
―究竟編―
羽生結弦

2020年四大陸選手権エキシビション
『ホープ&レガシー』

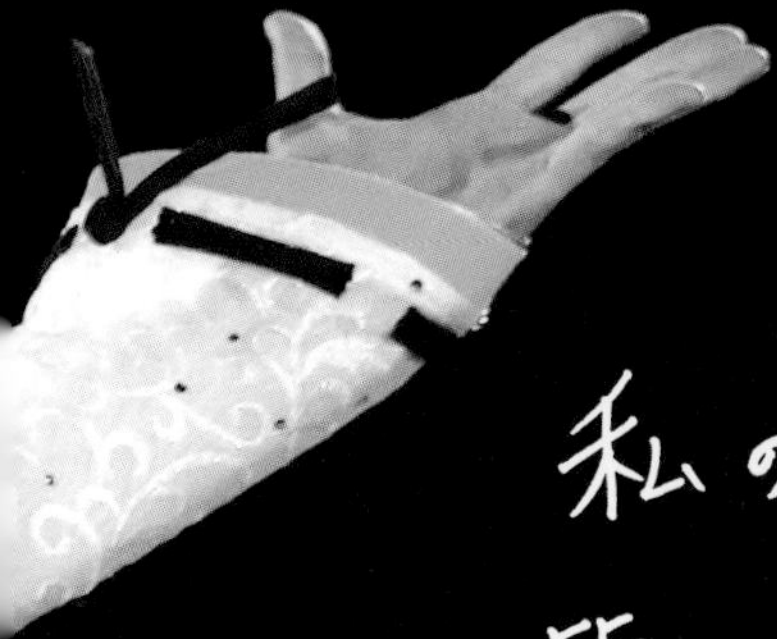

私の夢が1つ、
皆さんの応援の力で叶いました。
そしてまた、夢と共に闘っていきます。
理想のフィギュアスケートへ。
理想の自分へ。

羽生結弦

2023

2020年四大陸選手権で
スーパースラムを達成

ANA

2018年8月、
トロントでの公開練習にて
（3点とも）

Contents

蒼い炎III
―究竟編―

羽生選手の印税はすべてアイスリンク仙台へ寄付されます。
扶桑社の売上げの一部も寄付いたします。

Scene 0
プロローグ

２０１４年ソチ五輪で初優勝を果たしたあと、五輪王者としての責任を強く自覚しながら、さらなる進化を目指した羽生結弦。１年目はＧＰシリーズ中国杯で激突のアクシデントもある苦しいシーズンを送りながらも、その翌シーズンの２０１５年ＧＰシリーズでは、史上初の３００点超えを連発し、男子フィギュアスケートのレベルを一気に引き上げた。

そこから、さらなるレベルアップを図って自身の表現への意識をより深め、『羽生結弦のフィギュアスケート』を追い求め始めてからの展開は、まさにドラマチックとさえ言えるものになった。

高難易度の構成にも挑む中で重大な怪我にも見舞われた。しかもそれは、自身が競技人生最大の勝負の場と意識し、史上4人目の五輪連覇を目指した平昌五輪シーズンだった。

だがその極限まで追い詰められた重大なピンチに、羽生は冷静な意識で対応し、強い意志で立ち向かって五輪連覇という歴史的な偉業を達成した。その精神力の強さ。そして立ち向かう気持ち、負けん気の強さは、あらゆる競技を通じたアスリートの中でも、〝真のトップアスリート〟とも言えるすごさを体現するものだった。

そしてその達成感を感じる中で、次なる選手人生をスタートさせ、自分が理想とするフィギュアスケートを追求する歩み。その道の途上には、前年に続く重大な怪我や、強力なライバルの急成長もあった。悩み、迷い、焦りが吹き出してくる時もあった。

だが羽生はそこでも、挑戦し、進化しようとする意識を前面に押し出して戦い続け、自分が理想とする羽生結弦であり続けようとした。

前著から6年半。史上最高得点を更新し続けた15-16シーズンを終えて、「今が一番楽しいかもしれない。自分が憧れたソルトレークシティ時代の再来というか、男子シングルは今が一番熱い時期じゃないかと思う。その中で平昌五輪までどう進化できるか、楽しみです」と語った2016年の夏から、その戦いを一つずつ振り返り、歩みをたどってみたい。

Scene 1

進化を求めて

2016年のオフシーズン

左足の怪我を抱えながらの戦いだった、2016年3月末のボストン世界選手権。その代償は大きかった。大会後の診察では「左足リスフラン関節靱帯損傷」で全治2か月と診断された。

最初の1か月は安静にし、日常生活でも歩くことさえ極力制限する状態。それを経て1か月間のリハビリに入った当時のことを、羽生は振り返る。

「それまでは『スケートをできないな』という気持ちをすごく抑えて、違う方向からスケートを考えていたので、リハビリが始まった時は『すぐやりたい！』と思ってガーッとなる気持ちがありました。その時期が一番つらかったかもしれない」

「震災でリンクがなくなった時も周りの方に助けられて滑ることができたので、ここまで長い休みは初めてです。ただ、その2か月間は無意味なものではなかったと思っています。スケートと勉強を両立させる中で、どちらかがおろそかになるという時期はどうしてもあった。その意味では勉強や研究に集中できたからこそスケートのためになったし、いろいろなことを考える期間になったので。これからスケートをどういう気持ちで滑っていくかとか、勉強との兼ね合いなど、自分とスケートとの関係をどういうものにしたらいいか、いろいろ考えることができた、有意義な時間を過ごせました」

前シーズンのGPシリーズでは世界歴代最高得点を連発したことで周囲の雰囲気も変わった。その中で取り残されたような感覚になったり、新たなプレッシャーも感じた。だからこそ休養期間は、自分がそういうものから解き放たれた時間にもなって、意味があったと言う。ただ、練習再開後も痛みは残った。最初に練習できたジャンプは左足への負担が少ないループとルッツで、左足のトウを突く衝撃が大きいトウループは、4回転を1日1回だけ跳んでいい、という許可が出たのは8月後半になってからだった。

新シーズンへ向けた出だしが遅れていた羽生だが、9月13日にトロントで行われた公開練習で明かしたジャンプ構成は、ショート、フリーともに4回転ループを入れるという挑戦的なもの。「急ぎすぎているのではないか」と思われるほどだった。

その前のシーズン、ボーヤン・ジン（中国）がショートプログラムで4回転ルッツ＋3回転トウループを決め、フリーではルッツとサルコウ、トウループ2本の構成を成功させていた。また4月の3大陸対抗戦コーセー・チームチャレンジカップで宇野昌磨が世界初の4回転フリップを跳んだということも刺激になっていた。

4回転ループは羽生が2015年世界国別対抗戦エキシビションのフィナーレで決め、その後も練習していたジャンプ。オフの間も最初に跳び始めていて、完成度も上がっていたからこそ、フリーでは4回転を4本にするという、次への挑戦を決めたのだ。

「アスリートは常に身体を酷使しているので、どこかしら痛みもありますが、怪我のリスクも考えながら限界に挑戦していかなければいけない。そのバランスも休んでいるうちに考えましたし、昨シーズンの構成を難しくしたことでわかった反省や課題……。練習のしすぎだったり、練習の取り組み方であったり、怪我をしたことによって身についた考え方というのもあると思います」

公開練習の場で発表された新プログラムは、ショートがプリンスの『レッツゴー・クレイジー』。

「アップテンポですごくスピード感もある曲。エキシビションのように楽しめるプログラムでありつつ、競技用のプログラムとしての難しさや、内容の濃さを楽しんでもらえればと思います。ジャンプもイーグルから入って跳んでイーグルにつないでというのは、ステップがあってその上にジャンプが乗っかって、そのあとにまたステップがあるという、小さいころからの目標でもあり理想でもあったもので、ある意味自分の武器だとも思う。その理想をしっかり追い求めてできるようにしていけたら、と思っています」

羽生のこだわりを込めたプログラム。中でもステップは、これまでよりスピード感もキレもあるものだった。そのパートの練習を見ているうちに、切れ味の鋭いナイフを突きつけられているような感覚さえ感じた。そう伝えると羽生は「ありがとうございます」と言って、こう続けた。

「『バラード第1番』の時もステップはすごく速くてエッジを倒すのが難しかったけれど、今回は本当に『ワーッ』と詰め込んだ感じで、言ってみればいらないステップもたくさんあるんです。だけど、それもステップとして見せたいなと思っているし、『ここからここまでがステップ』という感じではなく、『振付けだよな』というくらいまでやっていけたら……。

今までやってきたステップの中では一番乗っていけるし、本当に心から楽しみながらやっている感じです」

またフリーは久石譲作曲の『ビュー・オブ・サイレンス』と『アジアン・ドリームソング』を使用し、『ホープ&レガシー』と名付けたプログラム。

「ピアノのクラシカルな曲だけど、日本人が作っているからこそ、和のテイストも含まれていると思う。曲自体は自然を感じさせるすごく雄大なものですが、テーマがかっちり決まっているわけではない難しさはあります。自然の中にある風であったり、木であったり水であったり……、そういうものを自然に表現したいなと思っています。その意味では、去年のエキシビションの『天と地のレクイエム』にもつながるかなと思っていて。去年まで培ってきた『バラード第1番』の音の取り方とか、『SEIMEI』などで学んだ表現の仕方というものも含め、今まで溜めてきたものを集結して、さらにレベルアップしていこうと思います」

ロックの王道ともいえるショートプログラムと、自然の雄大さや緩やかに流れる時間をイメージさせるフリー。羽生自身も曲を聞きながらイメージトレーニングをしている時、ショートのあとにフリーの曲を聞くと「オーッ」となったと笑顔を見せる。正反対のイメージのプログラムをやることで、自分の表現の幅をより引き出してみたいという気持ちもある。また、まるでエキシビションプログラムと言ってもいいような、情感を前面に出そうとするフリープログラムをやろうと思った理由を、こう語った。

「僕の場合はもともと、たたみ込むように押して感情を爆発させるような曲の方が得意なんです。ただ昨シーズンの『SEIMEI』や『バラード第1番』と『天と地のレクイエム』は、それぞれ違うジャンルで違った風景があり、それをどう表現しようかと考えました。その中のキャラクターになろうとしたのは『SEIMEI』だったし、ピアノの旋律や楽譜、音符などを忠実に再現していこうとしたのが『バラード』だった。そして『天と地のレクイエム』は、風景であったり情景であったり、気持ちであったりを出す。そのすべてがいろいろなことを考えるきっかけになったし、どういう風に表現することがどのように伝わるのかなということを、非常に考えました。それが、全部集まっているのが今回のフリーなんです。

このプログラムは曲から入ろうと思ったのではなく、むしろテーマから入ろうと思っていました。それを何にしたらいいだろうと考えている時に、『去年のショートとフリー、エキシビションを全部合わせたら、すごく気持ちよくできるだろうな』と思ったんです。だからそこまで行きつけるようなものにしたいなと思っています」

翌シーズンの平昌五輪を考えれば、出場できる試合は限られている。だからこそ新たな挑戦をしていく中で課題を見つけ、学んでいきたい。進化し続ける中で2度目の五輪を迎えたい。強い気持ちが表れた、新プログラムの選択だった。

そんな思いを強くさせ、いろいろなことを考えた時期。治療に専念しなければいけなかった時間を、羽生はこう振り返った。

「逆境とは思わなかったですね。本当にスケートから離れているからこそいろんなことを考えられた。その時はいろんな理論などを考えていて、スケートをやってないからこそ『もう何をやっても跳べるんじゃないかな』と思った時期もあったんです（笑）。そのうえで滑り始めた時は、『こんなにもできないんだ』とすごく落胆したのもありつつ、『まだこんなにやれるんだ』と思ったところもあって。本当に一喜一憂じゃないけど、振り返ってみれば充実したオフを過ごせたと思います。考えてみれば本当につらい、つらい時期もあったけど、最終的には今のような構成を考えられるくらいまで戻せたのは、本当に大きいと思います」

休んでいる間に3大陸対抗戦を見て刺激をもらっただけではなく、他の選手のジャンプを見て「ああやって跳ぶのか」「この選手はこういうところがいい。今度、真似をしてみよう」などと考え、技術を学ぶことができた。さらに、自分の気持ちを抑えなければいけない状況の中でも、スケートをしている時としていない時のメリハリのつけ方、どういう風にリラックスし、どういう風に気持ちを落ち着かせるか、ということも考えられた。

「これまでは、日常生活はこういうもので、スケートになった時にこうなるという（気持ちの状態）はわかっていたけど、その間のことはまったく考えていなかったんです。それががんじがらめになって、生活がスケートだけのようになると疲れてしまうので、どういう風に（オンとオフを）つなげればいいのかと。それで切り捨てたものはたくさんありますね。こうやらなきゃいけないというものを必要がなければどんどん切っていって。最終的にどういうものがいいかというのを考えられた、大切な期間だったと思います」

世界歴代最高得点を連発した栄光を過去のものとし、再び新たなものにチャレンジしていきたいという思い。それがこのシーズンの2つのプログラムの選択に表れていた。

自身の表現の幅や深みを求め、さらなる探究をしていきたい。それは大きな目標として掲げる、2018年平昌五輪での五輪連覇実現のための、羽生結弦らしい大きな冒険でもあった。

Scene
2

4回転ループ初成功

16-17シーズン前半

16－17シーズン初戦のオータムクラシック。羽生結弦はショートプログラムでＩＳＵ公認大会で史上初となる4回転ループを成功させた。ただ少し耐える着氷になったあと、次の4回転サルコウは1回転になり、続けてつけた3回転トウループで転倒し、88・30点という結果に。それを羽生は冷静に振り返った。

「ループの世界初というのはニュースにはなるだろうけれど、僕は世界初かどうかは関係ないと思っているし、実際、今朝まで初ではないと思っていました。4回転ルッツを先に跳ばれているわけだから、その下の難易度のループが初でも嬉しくないですし。

新しいプログラムだというのは抜きで、完成させきれなかったことが一番悔しい。ミスをしたサルコウはもっと丁寧にできたなと思うし、ループはもっときれいに跳べる。自分が目指すのはＧＯＥプラス3（当時のルールで出来栄えの最高点）のループであり、ＧＯＥがほぼ全部つく演技なので。その点に関しては4回転ループが決まった、トリプルアクセルがよかった、という実感がないからこそ、嬉しいという気持ちが出てこないのかなと思います」

翌日のフリーでは冒頭の4回転ループと次の4回転サルコウを完璧に決める滑り出しをした。さらにそれからのコンビネーションスピンとステップシークエンスは、静かな曲調の中でも流れは途切れず、見ている側にも「この曲でこれをやりたかったんだ」と納得させるような滑り。特にステップの直後に跳んだ3回転フリップは、まるでステップの中に組み込まれているようにさえ感じるジャンプだった。

だが、そこからの連続ジャンプも含んだ4回転2本とトリプルアクセルではミスを連発し、最後の3回転ルッツも含めて転倒2回という演技に。総合260・57点で優勝はしたが、最後は疲労感も目立った。

それでも羽生は、さっぱりした表情だった。

「今回はステップのレベルだったり、スピンのレベルだったりを一つ一つ丁寧にやったつもりです。この曲（『ホープ&レガシー』）がすごく好きだし、エキシビション以外では心から曲に乗って滑るということはなかなかできないですが、特に前半は最初から曲を意識してその上に乗ろうと思っていたし、気持ちよく滑れたと思います。ただ、見ての通り、かなりバテてた感はありました。今回はショート、フリーともにステップにかなり注意を向けてやったので、そのステップで気持ちがこもったと思うし、一つ一つの演技やボディームーブメント、上半身の動きであったり流れというものをすごく意識できたと思います。ただ、そのうえで呼吸の仕方だったりが足りないなと。目標をジャンプにして練習する時もありますが、ステップやスピンなどをすごく注意しながら、どれだけやりきれるかということも含め、もっと練習していかなければいけないなと思いました」

その時、その時で課題を見つけ、それをしっかり受け止めるのは、羽生が常に心がけていることである。4回転を4本にしたことに加え、新たな課題が見えてきたことを嬉しがっているようでもあった。また同時期に日本で開催された、ジャパンオープンでの宇野昌磨やハビエル・フェルナンデス（スペイン）の結果に向けても、興味深げに言及した。

「4回転を4本やるのは実際にしんどいです。でもしんどいけど楽しいし、何かやっぱり燃えますね。日本ではジャパンオープンがあって、宇野選手が198点を取っていたし、ハビエルも素晴らしい出来だったので。その中で実際に自分がこういうような演技をして『すごく不甲斐ないな』と思いますけど、その不甲斐なさが、全然『不甲斐ない』という気持ちじゃなくて。本当はマイナスだけど、マイナスとは思えなくて……。さっきからニヤケが止まらないように、早く練習をして次に出た時には、ひと皮とか言わず、10でも20でも皮が剝けたなって。『やっぱりこういう羽生結弦を待っていた』と言われるような演技ができるように、また楽しみながら練習をしていきたいと思います」

世界歴代最高得点を連発した翌シーズン、そこからの新たな挑戦に心を弾ませていることが、ひしひしと伝わってくる表情だった。

そんな挑戦する思いで臨んだGPシリーズのスケートカナダは、その気持ちが空回りする結果になった。ショートは前半の4回転ループのダウングレードと、連続ジャンプにする予定だったサルコウが3回転になるミスを重ね、79・65点で4位発進。「6分間練習まで順調にいってたからこその緊張が出てしまった」と反省した。

雪辱を期したフリーでは最初の4回転ループで転倒。次の4回転サルコウから立て直したが、後半に入ってからの4回転サルコウ＋3回転トウループが2回転＋3回転になってしまうミス。その他はまとめて、フリー1位の183・41点にしたが、合計ではパトリック・

チャン（カナダ）に3・89点及ばず2位だった。

オータムクラシックでよくなかった後半は、サルコウからの連続ジャンプのミスだけで他はしっかりまとめた。「課題を克服できたという達成感はあるが、悔しさは9割」と話した。

翌日の囲み取材では、自分の武器であるジャンプの前後のつなぎも曲に合わせたこだわりを持ったものになっていると話す中で、4回転4本の構成にも「少し光が見えてきた」と笑顔を見せた。

「僕としては、GP初戦でここまで希望が見えたというのは珍しいので。昨年のこの大会もショートではジャンプが2個無効になったし、フリーでも後半の4回転で手をついて立って、みたいなことをしていましたが、あの時より確実に後半の安定感というか……。自分自身が一つ一つのジャンプを丁寧にできたという感触はあるし、気持ちも曲に込められたし。そういった意味では、『順調な仕上がり』という滑り出しかなと思います」

また『レッツゴー・クレイジー』を演じるにあたり、歌詞の解釈などいろいろ調べる中で感じることもあったという。

「プリンスさんのことを調べる中で感銘を受けたのは、『失敗したことによって成功するためのものが見える』という意味の言葉でした。僕自身、（世界歴代最高得点を出した）昨年のＮＨＫ杯とＧＰファイナルだけを見れば、すごく完璧にやる人みたいに見えちゃったと思います。でも今までずっと見てくれている人たちはわかるように、僕がノーミスをすることはほとんどなかった。その意味では自分自身、挑戦することに生きているし、そこで失敗しても、またそこから強くなろうとすることにすごく情熱を注いでいるし。限界なんてないと思って常にやっているので、その意味でもすごく共感できたところです」

自身の気持ちを奮い立たせるような言葉を口にする一方で、この大会ではそんな燃え立つ心を少し休め、自分の心の中を静かに振り返るようなプログラムも演じた。それが新エキシビションプログラムの『ノッテ・ステラータ』だった。3月の世界選手権が終わった時に、タチアナ・タラソワ氏から声をかけられ、「ぜひ滑ってもらいたい」とプレゼントされた、イタリア人歌手ユニットのイル・ヴォーロが歌う、『ノッテ・ステラータ（ザ・スワン）』という曲だ。

「僕は東日本大震災のシーズンにチャイコフスキーの『ホワイト・レジェンド』をやっていましたが、それは僕自身がスケートを続けるきっかけにもなったプログラム。それと同じテーマのプログラムということで非常に感慨深いし、自分の心から湧き上がってくるものがありました。

初めて曲を聞いた時には、雄大な流れの中にしっとりとした間もあり、もう完成した曲という印象でした。その中に自分が入り込めるかなという感じはしたけれど、あの震災があったシーズンから少しでも成長した姿を見せられればいいと思って。あの時は黒い衣装で暗いイメージで、『飛び立つぞ！』というところまでを表現し、過去を拾い集めて、拾い集めて、というプログラムでした。だから今回はそれを全部優しく包んで、しっかり前に進んでいくようなイメージでやっています。

最後に跳ぶ大きなアクセルはディレイドアクセルといってシングルですが、練習の中でもやっていて。振付師のデイヴィッド・ウィルソンさんがそれを気に入ってくれて、『ぜひやって』と言ってくれたので。一つ一つの要素が非常につながるプログラムだなと思っています。ジャンプも技術的な感じではなく、曲の内容を表現できる一部になっています」

前シーズンに作った『天と地のレクイエム』とともに、羽生の代名詞ともなるようなエキシビションプログラムが完成した。

なかなか納得のいかない演技が続いた新プログラム。それに手ごたえを感じ始めたのはGPシリーズ第2戦のNHK杯（札幌）だった。

ショートは4回転ループのステップアウトで「もうちょっとだな」という演技だったが、降りたあとの流れもイーグルにつなげられ、そこからの要素は高い加点をもらう完璧な滑りで103・89点を獲得。

フリーは後半の4回転サルコウで転倒し、その後の3連続ジャンプも最後のサルコウが2回転になるミスはあったが、ループを含めた前半の2本の4回転はしっかり決めて197・58点を獲得。久しぶりに300点台に乗せる301・47点で優勝し、2位になったネイサン・チェン（アメリカ）とともにファイナル進出を決めた。

「去年300点台を出した時は320点（322・40　NHK杯）と330点（330・43　GPファイナル）だったので、それに比べると301点と低いけど、ショートとフリーでミスが出た中での300点だったので、スケートをやっていてすごく楽しかったです。去年

300点超えはすごく嬉しかったけど、今回はすごく『ホッとしたな』というのがあります。もちろん自分の中で完璧にやらなくてはいけないとか、ショートで100点を超えたから300点を取らなきゃいけないとか……、実際はいろんな思いがあったんだと思います。だからホッとしたんだと思います」

冷静に振り返れば、フリーは足りないところが多かった。

「表現も足りないし、スケーティングもステップもジャンプも足りない。このプログラムを作ってもらうにあたり、選曲をして構成を考えた時にトータルでのプログラムというのを考えた。だからもっともっと演技していきたいし、呼吸のようなものまで感じられるものになったらいいなと思っています」

だからこの300点超えで、「やっとベースができた」ことを確認できた。

「スケートカナダの時はベースも何もなくて崩れ落ちてしまったというのが、自分の感覚の中にありました。もちろん4回転ループは前回の大会でも降りていますけど、何かまた違った感覚で滑ることができましたし。日本の大会だからこそかもしれないけれど、お客さんの方に目を向けたり、アピールすることができたと思う。そういう面でこのシーズンを通してではなく、今までのスケート人生の中で少し成長できたと思います」

この大会で羽生が何度も口にしたのは、「観客とコネクトする」という言葉だった。特にショートの『レッツゴー・クレイジー』は、観客と盛り上がるような振付けも入っていて、ともに演技空間を作り上げたいという思いも感じる滑りだ。最初の4回転ループのステップアウトこそ悔しかったが、そこからの滑りや演技はその思いをそのまま伝えるものだった。

「昨シーズンまでとは違ってすごくテンポが速くて、スケーティングを見せるとかではなくてすごく表現力を試されるプログラムなので。その面でもこれからもっともっと磨いていけると思います。まだまだ僕自身の中に〝荒々しさ〟がところどころあることが武器かもしれないので、その荒さや勢いを活かせるように磨きをかけていきたいと思います」

その〝動〟のショートに比べると、フリーは自然そのものを表現するような〝静〟のプログラム。そんなまったく違う雰囲気のプログラムを演じることで目指すのは、「試合では両方を見られない観客の方もいるけれど、ジャッジは両方とも見ている。そういう人たちの目から見ても、『別人だな』というくらいの感覚を持てる振り幅を、という気持ちで滑っている」と、意欲は大きい。

「この大会で300点を超えられてよかったというよりも、やっと2つのプログラム自体を楽しめる余裕が出てきて、お客さんともやっとコネクトできるようになってきたと思います。今季はお客さんにアピールするということを意識して練習してきたんですけど、クリケット・クラブには観客席もないので、そういうところでそれを意識する難しさは感じていました。（観客とコネクトするというのは）今まで僕の中でも意識してこなかったことでもあるので、僕にとってはかなりの挑戦でもあります。それをやっとできるようになってきた舞台が日本だったことは、本当によかったと思います」

前戦のスケートカナダは「悔しさ9割、達成感1割」。だが今回は「悔しさ4割でホッとしたのが4割、楽しさが2割だった」と笑顔を見せる。そして「まだ完璧な演技だったわけではないので、まだまだ改善の余地もある。自分がどんなに調子が下がっている状態でも、どんなに緊張している状態でも勝ちたいし、皆さんにコネクトしたいし、滑っていて楽しいと思いたい。そこをしっかり目指して練習していきたいなと思っています」と、次のGPファイナルへ向けての意欲を口にした。

フランスのマルセイユで開催されたGPファイナル。ロステレコム杯と翌週のフランス杯で優勝したハビエル・フェルナンデスと、スケートカナダと中国杯で優勝したパトリック・チャンに次ぐ3番目の成績で羽生は進出した。男女を通じて史上初となる4連覇達成がかかった大会。NHK杯で確かな手ごたえを得た両プログラムを完成に近づけることを目標にした。

競技前日の公式練習ではジャンプが不調だったが、12月8日のショートプログラム当日はそれをしっかり修正していた。午前中の公式練習では曲かけのジャンプはすべてきれいに決め、シットスピンを抜いてから滑ったステップも気持ちが入った完璧な滑りだった。

だが、演技直前の6分間練習は少し苦戦した。4回転ループは4回続けて失敗したあと、最後になってようやく決めていたからだ。

そして本番も、最初の4回転ループは「練習でもやったことがない」という、ピタリと止まってしまう耐える着氷になって1・03点の減点となった。だが中盤からは流れを立て直し、乗った気持ちをそのまま表現する完璧な滑りにした。

「すごく緊張して、久しぶりに手足が震えるくらいでした。最初のループはすごく汚いジャンプだったんですけど、自分の中ではNHK杯よりもちょっとステップアップしたと思うので、それで緊張もいい具合にほぐれたと思います。もしあれがすごくきれいに決まったら『ノーミスをしなきゃ』とすごく緊張しただろうけど、あのジャンプだったからある意味、緊張がなくなりました。そこから速いビートであったり歌詞であったり……。そういうものを含めて会場がワーッとなったので、本当にお客さんの歓声や拍手などでこのプログラムが作られたなと思います」

6分間練習は久しぶりに経験する不調で、心の中では「やばいな」と思っていた。その原因は緊張だった。羽生は自分の演技を待つ間に、その緊張がどういうところからくるものかを分析した。

「ファイナルという緊張感もありましたし。それに加えて、午前中の公式練習がすごくよかったということもあったんじゃないかなと思います。昨日はすごく悪かったのに、今日の午前の練習はすごくよかった。そういったことでの緊張感があったと思います」

ショートの『レッツゴー・クレイジー』は、拠点としているトロントのクリケット・クラブで滑っている時も、「自分がコンサートやライブをやっているホールで、ロックスターになったような気分で滑っていた」と羽生は言う。その意味では「観客なしでは成立しないプログラム」であり、観客との一体感や距離感に関しては、ほぼ納得の演技ができたNHK杯で殻を破れた手ごたえもあった。

だからこそ、終盤には観客の興奮を煽るようなしぐさを見せたのも「アドリブだった」と笑顔で話した羽生は、「より楽しみながらできた」とも言えた。4回転ループの減点はあったが、他の2本のジャンプでは高い加点をもらい、スピンとステップもレベル4。106・53点を獲得し、2位のパトリック・チャンには6・77点差をつけ、4連覇に前進した。


だが、10日のフリーは悔しさが残る演技になった。羽生は4番滑走で、直前に3種類4本の4回転を決めて197・55点を出したネイサン・チェンや、1番滑走の宇野昌磨が195・69点を出したあとに登場。

最初の4回転ループを着実に決めると、次の4回転サルコウは余裕のあるジャンプにしてスピン、ステップ、3回転フリップと流れるような演技を続けた。だが、前日の公式練習でもミスをしていた後半の4回転サルコウで転倒し、次の単発の4回転トウループも着氷が乱れた。次の2回転トウループをつける予定だったトリプルアクセルに3回転トウループをつけてリカバーしたが、2本目のトリプルアクセルは着氷が乱れて3連続ジャンプにはしたもののの、ループがダウングレードでサルコウは2回転に。さらに最後の3回転ルッツも1回転とミスが続いた。

結局フリーは187・37点に止まった。総合では293・90点で大会4連覇を達成したものの、羽生の中に演技への不満は残った。

「やっぱりフリーの3位というのは非常に悔しい順位だし、そこそこ頑張れたショートと比較すれば、最後の最後で失敗してしまったというのはすごく印象が悪いなと思っているので、今回は自分の中では反省点だらけです」

それでもショートと同じように、曲を感じながら滑ることができたという点は評価した。

「もちろんショートと違ってみんながどんどん乗っていけるようなプログラムではないし、拍手がワーッと起きるようなプログラムではないけど、皆さんの視線というものをすごく感じましたし、中にはジャンプを跳ぶ時に祈ってくれている方もいましたし。本当に今回も皆さんのおかげで幸せを感じながら滑ることができました」

静かに自分の感情を淡々と表現していくようなプログラム。ジャンプを跳ぶきっかけにできるような音の強い部分はない難しさもあり、前シーズンの4回転1本とトリプルアクセル

２本からの連続ジャンプから、４回転２本でトリプルアクセル２本の構成にして難度を上げている後半は、仕上げきる難しさも感じている。

「言ってみれば後半のサルコウは昨季の世界選手権からほとんど決まってないんですが、まだサルコウに対する考え方が甘いのかなとも思います。感覚的には前半とそんなに変わっていないけれど、その感覚をもっと研ぎ澄ませて最初のサルコウに近づけるべきか、完全に考え方を変えて違う４回転と思うか。その辺をこれからちょっとやってみたいと思います。ただ、サルコウとトウループに関しては本当に自信を持って跳べているジャンプなので、曲の中での後半のジャンプとして、どのようにやっていくかというのは自分の中で考えないといけないし、いろんな意見を取り入れていきたいと思います」

羽生はファイナル４連覇達成を、「すごく誇りを持てる」と評価した。そして「こういう試合をして勝ったからこそ、このあとをしっかりやらなければいけないなと毎回感じています」とも口にした。

「ここにピークを合わせるというより、試合を重ねることで調子が上がっていくというか、試合に慣れていくというのはあると思います。もちろん毎年ファイナルでノーミスができるというわけでもないし、去年NHK杯とファイナルでショートとフリーが揃ったのは、むしろ自分のフィギュア人生の中で初めての出来事だったので。その意味では今年もここまで仕上げられているなという自信があるし、何しろ3種類の4回転を入れられているのは大きな収穫だと思います。

ピークに関しては今までいろいろ考えて試してきたし、ブライアン(・オーサー)とも話して四大陸や世界選手権に合わせてほしいとも言われているけど、僕らには全日本もあるし、ファイナルにも勝ちたいし……。どんな試合でも勝ちたいというのが僕の本意でもあるので、今回ピークが合ったか合ってなかったかは別として、最低の平均値というものを上げることを今はやっています。それが3種類の4回転がしっかり入るというベースラインにもなってきたのかなと思います」

「悔しい」という言葉を連発した羽生だが、「怪我の治療で始動が遅れたことは関係ないし、ブランクはない」と言い切る。だが本当に追い込む練習を始めるまで4か月の空白期間があったことは、調整にも影響しているはずだった。

「誰からも追随されない羽生結弦でありたいと思っているので、今シーズンは難度の高い構成にしても、まだ昨シーズンの自己最高得点に並ばないというのは悔しい。ただ、今シーズンはいい挑戦はできていると思います。でもこの前半を振り返れば、はっきり言って最悪だったなと思いますし、メチャクチャ悔しい。シーズン前は、今の技術構成は来季完成させられればと考えていましたけど、今の悔しさ的には、もう今シーズンの後半には完成させたいと思うようになりました」

以前は「僕は新しいジャンプ構成にした時は、いつも2シーズン目で完成するんです」と話していた。だが、そのころより技術的にも精神的にも成長している自負があるからこそ、勝負の五輪を前に「ここで足踏みをしていてはいけない」と強く思い、シーズン後半に向けて気持ちを燃え上がらせていた。

2016年スケートカナダ
SP『レッツゴー・クレイジー』

2016年NHK杯から
衣装の色を変えた
『レッツゴー・クレイジー』

2016年GPファイナル

2016年スケートカナダ
FS『ホープ&レガシー』

2016年NHK杯にて

2016年スケートカナダの
エキシビションで初披露した
『ノッテ・ステラータ』
（3点とも）

Scene 3

大きな収穫

16-17シーズン後半

GPファイナルから帰国後、羽生はインフルエンザに罹って全日本選手権を欠場した。久しぶりの試合は2017年2月17日からの四大陸選手権になった。会場は韓国の江陵。翌年に控える平昌五輪のプレ大会として開催された大会だった。

競技前日の公式練習で滑った会場の雰囲気を、「ソチ五輪を彷彿させる青を基調にしたリンクで非常に滑りやすい気温だったし、氷の状態もよかった。何よりこの会場で、いいコンディションで滑れることが幸せだなと感じました」と説明した羽生は、全日本欠場の悔しさを晴らすという意識は「あまり持っていない」とも話した。

「四大陸は四大陸。最終的にはこれが来年の平昌五輪へ向けての予行演習となるかもしれないですが、それを特別に意識することなく、今やるべきことが何なのかだけを考えて大会に臨みたいです」

「特に気負うこともなく臨めている」と落ち着いて余裕を持った練習を終えると、この大会でも戦うネイサン・チェンや宇野昌磨、ボーヤン・ジンなど、複数種類の4回転ジャンプを跳ぶ若手の台頭についてこう話した。

「それは本当にありがたいし、感謝の気持ちでいっぱいです。いろんな4回転をフリーで5本跳ぶ。そういう中で、誰かが頭一つ抜け出しているというのではなく切磋琢磨している状況で、自分が跳べるジャンプをすべてプログラムに入れて、みんなが限界のプログラムに挑戦している、彼らに対して尊敬の念を持っていますし、感謝しています」

その落ち着いた表情からは、強豪揃いのこの大会に懸ける思いの強さも感じた。だが翌日のショートプログラムは、悔しい結果になった。

一つ前の第4グループでチェンが、1月の全米選手権でショート、フリーともにノーミスで318・47点を出して初優勝した勢いそのままに、自己最高の103・12点を出した。

「彼の得点は全然知らなかったけど、たぶんノーミスをしているんだろうなと思っていました」という羽生は、最初の4回転ループはしっかり決めたが、次の4回転サルコウ＋3回転トウループは2回転＋3回転になってしまった。

「ループを降りたあとは『とりあえず身体は戻ってるな』という感覚があったので、すごく落ち着いてできました。ただ、サルコウに関しては少し考えすぎたかなというのはあります。サルコウが決まったらもっとノリノリでやったと思いますけど、ここの空気感としては、自分の中であの演技のように感じていたので。表現面では、今日は今日でよかったと思いますが、ジャンプが決まらないと話にならないので、しっかり考えて修正点を見つけて自信を持ってやれるようにしたい」

100・28点を獲得した宇野にも後れを取る、97・04点での3位発進になった。

2日後のフリーでは、気迫がこもった滑りをした。直前の宇野が、今大会が初挑戦の4回転ループと、このシーズンからプログラムに入れた4回転フリップをともにGOE加点をもらうジャンプにしながら、後半にミスを連発して合計288・05点に止まった、そのあとの演技。羽生は6分間練習でもきっちり決めていた4回転ループと4回転サルコウを決め、ステップから3回転フリップと流れるような演技を完璧にこなした。

だが、ショートでミスをしていた後半の4回転サルコウからの連続ジャンプは、最初が2回転になり、とっさに1回転ループをつけてしまった。

「失敗したあと、ハーフループを入れて4回転サルコウをやろうかと思ったけれど、非現実的だなというためらいが一瞬あったので、戻してしまった」

そこでコンビネーションジャンプを1つ使ってしまった状態に。だが、羽生が気迫を見せたのはそこからだった。次の4回転トウループを決めると、トリプルアクセルからの連続ジャンプには3回転トウループをつけ、続く3連続ジャンプは4回転トウループ＋2回転トウループに変更。最後の3回転ルッツをトリプルアクセルにする粘りの滑りを見せた。

「4回転を4本入れるということと、トリプルアクセル2本は外せないという気持ちがあったので、コンビネーションの回数も含めていろいろ考えました。とにかく失敗のあとはコンビネーションの3回転トウループと、4回転をもう一つ入れようというのをすぐに考えて。最初のトリプルアクセルのところで4回転サルコウを入れようと思ったけど、スピードが足らなかったので3回転トウループをつけた連続ジャンプにして、そのあとで4回転トウループを跳ぶことにしました。その直後にブライアンの顔が見えたけど、『お前、何やってんだ？』と言いたげな表情でした」

練習でもやったことがないようなリカバリーで、「最後の4回転トウループはとっさにやった感じ」だと羽生は言う。

「トリプルアクセル2本というのは構成から外したくないので、4回転を5本にするにはもう1種類の4回転を跳ばなければいけない。その意味ではまだ現実的ではないですが、パンクしたサルコウを含めて5本の4回転にトライできたことは収穫だったし、それが視野に入った感覚もあります」

大胆なリカバリーが効いたフリーの得点は自己サードベストの206・67点で、合計は303・71点。演技後に顔をほころばせた理由を「300点超えが嬉しかっただけで、勝てたとは思っていなかった」と説明した。

その言葉通りに最終滑走のチェンが複数のジャンプで着氷を乱しながらも、後半に4回転サルコウを入れる5本の4回転を降りて204・34点で逃げきり、羽生は2位となった。

「今は、年々技術的な難易度を上げていく過程で、まだ自分の演技を完成できていない。その意味では若い選手に突き上げられる恐怖感と戦っているのではないですし、ここで1位になっても3位になっても、追うべきものがたくさんあると思います。とにかく自分の完成形を試合で出したいという気持ちが強いので、その点では、自分はもっともっとレベルアップできるんだ、と感じられる試合でした」

こう話した羽生は、チェンや宇野のような存在が、「自分の限界を引き上げてくれる大きな要因になっているのは間違いない」と、その突き上げへの感謝の念も口にした。

ショートとフリー、表現しようとする方向性が正反対のプログラムのうえ、ジャンプの構成難度も高くして、なかなかノーミスの演技ができないシーズン。3月29日からヘルシンキで開催された2017年世界選手権は、羽生にとっては厳しい出だしとなった。優勝のためにはミスはできないと臨んだショートプログラムで、思いもよらぬ5位発進になったのだ。

演技前の6分間練習では、集中した表情ですべてのジャンプを余裕を持って跳んでいた。演技に入る時間を2秒オーバーして減点1を取られてしまったが、最初の4回転ループは軸の細い、今季最高と言えるきれいなジャンプにした。だが次の4回転サルコウの着氷はバランスを崩して左膝をつく形に。そのまま立ち上がって2回転トウループをつけたが、連続ジャンプとは認定されず4点の減点。その後は加点をもらう完璧な滑りをしたものの、得点は98・39点に止まり、その時点で1位だったボーヤン・ジンに次ぐ2位となる。

「跳んだ瞬間は感じがよかったけれど、降りた瞬間は『アレッ』と思いました。映像を見たら軸がちょっと後ろに倒れていると思うけど……。1番滑走は得意だと思っているし、それにどう対応するかも考えて練習ができていました。6分間練習もそんなに悪くなかったと思いますが、結局ミスをしてしまったことは変わりないので……。今シーズンはずっと『悔しい』とばかり言っていますが、その経験を活かせずに終わってしまい、自分に不甲斐ない気持ちでいっぱいです」

4番滑走のハビエル・フェルナンデスの109・05点に宇野が104・86点で続き、パトリック・チャンが102・13点、ボーヤン・ジンが98・64点。5位の羽生のあとに97・33点のチェンが続く結果に。自信を持って跳んだジャンプの想定外のミス。いつもなら前向きな表情で話す羽生だが、この日は失意が前面に出ている雰囲気があった。

のちにその時の気持ちをこう話した。

「追い込まれたというより、自信喪失の方が近いですね。何か原因がすぐに見つかっていて、『これがダメだったから次はこうしよう』とすぐにわかれば、たぶんそこまで落ち込まなかったかもしれないけど、やはり5位という結果も含めて、自分がどうしてあのいい感覚の中でミスしてしまったのかというのが結局最後までわからない状態での終わり方だったので。そういった意味で自信が少しなくなったのかなと思いました」

ところが、このままでは終わらなかった。羽生はフリーで、別人として甦ったような滑りを見せたのだ。

「やはり、試合という大きな緊張感の中で……ある意味その緊張感があるからこそ、いろんなパワーがもらえたというか、そんな感じの試合だったかなと思います。落ち込みを通り越してしまったような状態だったけど、ファンの方々の言葉やサポートしてくれる人たちの言葉をたくさん聞いたり読んだりして。さらに今まで自分がやってきたことをいろいろ振返って、最後は『それを信じてやってみるしかない』と思って、なんとか立て直せたんじゃないかなと思います。試合での集中の仕方は特別なんですけど、練習とは違ういろんなサポートも含め、そういうものがすべてうまく力に変わったフリーだったんじゃないかなと思います」

様々な思いが詰まった最終組1番滑走の羽生のフリーは、静謐さを持ったしなやかな動きで、流れるような演技。そしてそれは4分半、途切れることがなかった。

これまでミスを繰り返してきた後半もスピードを上げ、4回転サルコウ＋3回転トウループと4回転トウループはともに、冒頭の4回転ループと同じく2・43点の加点がつく完璧なジャンプを余裕を持って決め、ノーミスで演技を終えた。そして鋭い視線で真正面を見据えると、人差し指を一本だけ伸ばした右手を、真っすぐ天に向けて差し上げた——。

今の自分の思いを表現できると信じきった曲。その曲に全身を委ねたように滑り、跳び、回った羽生の姿を、見ているものは息もつけないような気持ちになって見守った。

「自分の演技内容を忘れるくらいに集中していました。スピードはもっと出せたかもしれませんが、ジャンプのため、演技のため、そしてこのプログラムのすべてを完成させるためには、これが一番いいパターンだったのではないかと思います。

もちろん後半の4回転に関してはすごく集中していました。特にトウループは、サルコウと同時に後半で決まったことがこれまでなかったですから。今回はジャンプを一本一本決めるごとに、何か自分が風や水などの自然に溶け込んでいくような感覚になって、すごくいい集中状態だったと思います」

フェルナンデスとの10・66点差を逆転する自信はあったか、という問いに、「自信はありました」と言って笑みを浮かべた羽生は、その思いをプレッシャーにすることなく、無心で戦うことにつなげられた。だからこそ、プログラムを作った時に考えた「自分の情感や思いだけではなく、風や木、水などの風景も曲の中に埋め込み、それを見ている人たちにどう感じてもらえるか問いかけたい」という原点に戻れたのだ。

獲得した得点は、フリー歴代世界最高となる223・20点。総合得点は自己最高にはおよばなかったが、321・59点という高得点にした。羽生のあとにショート上位選手を含めて5人の演技が控えていたが、3年ぶり2度目の世界選手権制覇を決定づける結果だった。

「得点が出るのを待つ時には緊張していたし、怖さもありました。振り返ってみれば、自分が一番とらわれていたのは過去の自分だったと思います。昨シーズンのGPファイナル、ショート110点やフリーの219点、合計330点という数字だった。それは本当に大きな壁のようなもので、ノーミスでなければ超えられないというだけではなく、たとえ構成を上げたとしても、それを完璧に演じなければ超えられないほどの高い壁でしたから。

また今のプログラムも、当時の『SEIMEI』に比べれば、圧倒的に評価されにくいですし、自分自身もこれまではジャンプを決めきれないだけでなく、表現しきれない部分を残してしまう演技を繰り返してきました。それを今回クリーンに滑ることはできましたが、その演技がジャッジからどう評価されるかわからない、という怖さもあったんです」

『ホープ&レガシー』は、演技を後押ししてくれるような強い曲調ではなく、エキシビションナンバーのような雰囲気も持つ曲調のプログラムだ。ジャンプを跳ぶタイミングを曲に合わせられる部分は少なく、演技の抑揚を作るのも難しい曲。それをジャンプ構成の難易度をこれまでより上げたうえで、一つのプログラムとして完璧に成立させたことこそ、羽生結弦のフィギュアスケーターとしての真価を見せるものだった。

翌年に迫る平昌五輪を見据え、今季はずっと「五輪で金メダルを獲りたい」と思って戦ってきた。シーズン前にはコーチの反対を押し切り、コーチを説得するような形で4回転ループを入れた4回転4本の構成にした。

「最後にノーミスでできたことはよかったですが、たとえできなかったとしても、昨シーズンの構成だったらいつでもノーミスでできるくらいに自信がついていたし、それくらい練習してきました。結果として、自分に限界を作らず練習してこられたことが、今シーズンの一番の収穫だったと思います」

「65年前の1952年にディック・バトンさん（アメリカ）が、ディフェンディング王者で、前季の世界チャンピオンとしてオスロ五輪に臨み、最終的には五輪連覇を果たしています。その意味ではすごく験《げん》がいいなというか、いい流れが自分に来ていると思います。今回の結果を受けて、またノーミスをしたいと強く思ってしまうでしょうけど、僕はもともとノーミスを連発するような選手ではないので。だからたぶん来季もまたノーミスができない自分にすごく苛立ちを覚えたり、悔しさを感じたりするでしょう。それでまた、必死に練習をしていくのだと思います」

喜びに浸るだけではなく、自分の足元をしっかり見つめながら、羽生は五輪シーズンへの思いを強くしていた。

シーズン最終戦となった4月20日からの世界国別対抗戦。またもノーミスで揃える演技はできなかったが、収穫は大きかった。

ショートプログラムは少し力が入った滑り出しで、4回転ループはパンクの1回転に。さらに次の4回転サルコウの着氷で手をついてしまい、連続ジャンプにできず、83・51点でまさかの7位になった。

「悪い癖が完全に出てしまったなと思います。自分の中でこの演技に対して、余計な気持ちとか思いがちょっと入りすぎたなと思います。明日がプリンスさんの命日だったので、そういった気持ちも込めて、本当に集中したつもりだったんですけど」

この『レッツゴー・クレイジー』は、夏の間にかなり完成に近づいた手ごたえも感じていた。だからこそ、そこからの表現面での可能性の追求が、羽生の頭の中には広がった。プログラムとしてより熟成させたい、その思いで様々にトライし続けていたが、結局、ノーミスの演技はシーズン中にかなわなかった。

羽生はショート後、4回転ループのパンクの残像が脳裏に焼きつき、ベッドに入ってもそれが頭の中で浮かんでくるたびに目が覚めてしまい眠れなかった。そこで決意したのは、フリーでは公式練習でもやっていた4回転トウループ＋1回転ループ＋3回転サルコウを後半に入れ、4回転5本の構成にするということだった。

「とにかく世界選手権なみのクオリティーのフリーをやろうと思っていたけれど、挑戦するという意味で自分に課していた課題は、後半の4回転サルコウは絶対に跳ぶということと、4回転トウループを2本入れるということでした。だから、前半のジャンプはきれいに跳ぼうという意識はありましたし、スピンでビールマンもしていません。ステップも感情を込めていましたが、コントロールしていました。ある意味、こういう表現のこういうステップもありなのかなと、自分の中では思っています」

世界選手権のフリーは、ショート5位の悔しさから、偶然得られた集中力の高まりだった。また四大陸で跳んだ後半の4回転トウループ2本も、ミスをした悔しさでとっさに入れたものだった。だが今回は、そのすべてをしっかりコントロールした中で体現しようとしたのだ。そんな思いを持って臨んだフリー。最初の4回転ループは丁寧に跳んでGOE加点2・57点をもらう滑り出し。次の4回転サルコウはパンクして1回転になったが、気持ちが切れることはなかった。後半の4回転サルコウ＋3回転トウループと次の4回転トウループはジャッジ全員が2〜3点を並べる完璧なジャンプ。トリプルアクセル＋2回転トウループのあとの4回転トウループからの3連続ジャンプは、最後の3回転サルコウの着氷が流れずに止まってしまい、3回転ルッツに代えて跳んだトリプルアクセルはパンクしてシングルになった。

それでも得点は200・49点で1位。日本の団体優勝に貢献した。そして演技後には「最後のアクセルは意地でしたね。意地のパンクでした」と明るく笑った。

「あの時はいろいろ考えていたんです。イナバウアーをやってそのままアクセルに行こうか、一回モホークを入れてから行こうか、イーグルを入れてからにしようか迷っていたんです。でもここまで来たら、一番難しいことをやって最後は笑いたいと思って、イーグルを入れてからのアクセルにしたんです。サルコウのパンクの直後にスピンをやっている時に、4回転を6本にしようかなとも思いました。でもそれだとプログラムがバラバラになってしまうので、最後はトリプルアクセルにして頑張ろうと思いました」

基礎点が高くなる後半に4回転3本を入れるのは史上初だった。

「でもそれとは関係なく、自分にとって嬉しいと間違いなく言えるのは、前半で跳んだかのような4回転サルコウ＋3回転トウループと4回転トウループを連続で決めることができたこと。やっと自分のジャンプらしいジャンプを、後半でも入れられるようになったことです。来季へ向けてフリーを4回転5本の構成にするかと言えば、そこはまだ考えなければいけないし、自分の武器は何なのかをしっかり考え直していかなければいけないと思います。世界選手権を終えてから、練習では4回転を5本入れた練習をしましたが、実際には世界選手権の時のようなクオリティーで5本というのはさすがに難しかった。ただ、時間もそんなにない中で、しかも体力がだいぶ落ちている状態で、後半の4回転をきれいに2本決められて、もう1本もなんとか3連続ジャンプにつなげられたという意味では、1点でも2点でも多く、という思いで自分の気持ちが乗っている時には、武器になると思いました」

五輪連覇という偉業達成に向け、様々な挑戦をしなければいけないと覚悟して臨んだシーズン。羽生は終盤になって大きな収穫を得ることができた。

2017年世界選手権、
SP5位で臨んだフリー

2017年世界選手権、
究極の集中力を見せた
『ホープ&レガシー』
(2点とも)

2017年3月、22歳。
ヘルシンキで2度目の世界選手権を制した

2017年8月、トロント・クリケット・クラブにて公開練習

トレイシー・ウィルソンコーチと談笑

2017年8月、クリケット・クラブにて

Scene 4

勝負のプログラム

2017年のオフシーズン

2017年5月26日に開幕した〝ファンタジー・オン・アイス2017〟。幕張公演初日に羽生結弦が大トリで演じたのは、『バラード第1番』だった。ソチ五輪後に「自身の表現の幅を広げたい」と挑戦したピアノ曲で、最初のシーズンは後半に4回転トウループを入れようと試みたものの、怪我で断念。翌シーズンは途中から4回転を2本入れる構成にして、世界歴代最高得点を連発したプログラムだった。

だがファンタジーで見せてくれたのは、冒頭のジャンプを4回転ループにして後半にトリプルアクセルと4回転トウループ＋3回転トウループを入れる進化形のプログラム。幕張公演の初日と2日目は4回転ループでミスをしたが、3日目にはジャンプをすべて決めるとステップシークエンスでも気持ちの入った力強い滑りをし、コンビネーションスピンで締めるノーミスの演技を披露した。

以前の『バラード第1番』に比べると、少し力強さも感じる滑り。羽生はその理由をこう説明する。

「ループがしっかり入った演技をやってみての感想として、今の構成で力強さが出たというのは、後半のステップの前に4回転＋3回転が入っているのがすごく大きいと思います。以前のNHK杯からの、前半に4回転を2本入れた構成では、スピンやステップの時の音がすごく好きだったし、そこでいろいろなことを表現できました。今のプログラムはまだそこまで行ってないですが、トリプルアクセルはフワッとした感じでより音に溶け込むジャンプになっているし、トウループの連続ジャンプもより音に合うトウループになっているので。その意味では、表現の幅が広がったという感じはすごくします。

スピンはまだいろいろ改良するところがありますが、そこはまた新しい手の振付けなどを自分でいろいろ考えているので『これから試していきたいな』と。あとは後半のジャンプや、最初のイーグルからループを跳んでイナバウアーにつなげる流れなども、これからどんどん洗練させていきたいと思っています」

そして、五輪シーズンに再びこの曲を選んだ理由を、こう説明した。

「今回の選択はけっこう迷いました。はっきり言って『3シーズン目ってどうよ！』という気持ちもなくはないですし、『レッツゴー・クレイジー』を持ち越しかなという気持ちもなくはなかったんです。

ただ、『バラード第1番』をもう一度やりたいなという思いはずっとあって……。それに昨シーズンのフリーは感情を作りきらないことをテーマにしていて、わりと自然に『自分が思うままに、流れるように』というのがコンセプトでした。それで世界選手権では、『これがしたかったんだ！』という演技ができたので、『これを経験した今ならもっといいバラードができるな』と思いました。いろんな『バラード第1番』の見方ができると思うと。だから、『五輪シーズンだから盤石に固めよう』と思ってやっているわけじゃないですね。この曲だからこそ見せられる自分の表現の組み立て方や、この曲だからこそできる自分のスタイルもある。これまでモヤッとしていたものがギュッと固まってきたような感じになり、この3年間があった今だからこそできる『バラード第1番』をやりたいなと思いました」

そう話すように、ファンタジーで見せた『バラード第1番』は、狭いリンクで演じるショーバージョンではあったが、以前のものとは印象は違っていた。

「振付けはちょっとずつ変えているし、もちろん完成形とは言えないけれど、『もう全然違うものだな』という感じはします。ソチ五輪のあとのシーズンに最初にやった時は、後半に4回転トウループを入れていて、最初のトリプルアクセルもイーグルから入ってイーグルで抜けるという構成でやっていたけれど、その時に表現したかったものに近いかなという気もします。そのころに持っていたジェフ（振付師のジェフリー・バトル）の『バラード第1番』のイメージもあるし、そのころ僕が持っていたイメージもある。それをやっとつながられて形になるくらいまでに、技術が追いついてきたなという感じはあります。

それに、同じ曲だからこそ、違ったものを見せてやりたいという思いもありますね。僕はたぶん、いろんなものに手を伸ばしてそれをつかんで、離して、というのがダメなんです。『コレ』って決めたらその道をバンッと突き進む方がいろんなことを考えられるし、いろんな自分を出せると思う。逆に、いろいろなジャンルをやって『違うでしょ』というのを見せるのもありだと思うし。僕自身もこれまでいろいろやってきたからそういうこともできると思うけど、例えば歌手だったらライブで歌うとその時々でまったく違うように、僕も一回一回全然違う演技ができるタイプだと思うんです。だから、そういう違いを逆に大事にすれば、もっといいものになるな、という手ごたえのある『バラード第1番』ですね」

羽生は以前、「映像として残ることが少ないアイスショーは特に、一期一会のようなステージだと思う」と話していた。だからこそ見てくれている人たちにはそこでいろいろなことを感じ、いろいろなことを思い浮かべてもらいたいと。だが、それは試合でも同じだ。選手の感情や感覚はその時々で違い、会場や観客が違えば場内の雰囲気も違うし感じ方も違う。それらのすべてが揃って一つの演技を作り上げるのがフィギュアスケートなら、でき上がるものは常に違ったものになるはずだ。

「昨シーズンのフリーは特にそんな感じでした。ショートの『レッツゴー・クレイジー』もライブものだったから、もちろんお客さんの反応も違ったし、僕のやり方も毎回違ってアドリブもいっぱい入れていました。ただ、昨シーズンのフリーの印象で強くあるのは、『空気感が全然違う中でやっているな』というのがいつもありました。『バラード第1番』にしても3シーズン続けてやっているわけではないので、『昨シーズンがあったからこその、今年のバラード第1番になるんじゃないかな』という気持ちはすごくあります。本当に昨シーズンはいろいろ学べたので。

ただ、そこにはこれまでの3シーズンだけではなく、自分が小さいころから学んできたものが注ぎ込まれているなと思います。やっぱり曲を聞き込んでいる回数も段違いに多いですし、すでに2年間やっているので段違いに曲を知っているし、曲が身についている。だからこそ自分が感じるままに滑る、自分が感じるままに表現できる、感じるがままにジャンプを跳べる、というプログラムなのかなという気がします」

シーズンに向けて、新しい構成のプログラムの場数を踏む機会にもなるアイスショー。羽生は、「自分の中ではファンタジーは修練の場でもあるという位置づけです」と話す。常に「本番だ！」という気持ちで取り組み、その演技にかけている思いを出し切り、『見に来てよかったな』と言ってもらえるようなショーにするための緊張感。さらに試合より狭いリンクというマイナス条件さえも、貴重な経験になると。

「だからこそ押さえておかなければいけないのは、『これは練習じゃないよ』ということですね。遠くからでも見に来たいと言ってくださる方たちがいる。何回も見たいと言ってくださる方たちもいる。そういう方たちに少しでも、昨シーズンの僕が大事にしていた〝コネクトする〟という気持ちが届くように。自分を支配する気持ちや自分の空気が、会場の隅々まで届くようにということを意識しながら、今回のファンタジーはやろうと思っています」

フリープログラムに関しては、ファンタジーの段階で羽生は「一応決まってはいるし、構成も大体は決めている。ネイサン選手は4回転をどんどん増やしたり種類も変えたりしているし、ボーヤン選手も変えてきているので、僕としてはシーズン前にしっかり実力を高めておきたいなと思い、いろいろ試してみたいなと考えている段階です」と話していた。

それを明らかにしたのは8月のトロントでの公開練習。選んだのは『SEIMEI』だった。

「ショートの『バラード第1番』に関しては少し迷いがあったかもしれないけれど、『SEIMEI』に関しては、15-16シーズンにいい演技ができた時から、このプログラムを五輪シーズンに使おうと思っていたので迷いはなかったです。だからこそ昨シーズンは、曲を何にしようか迷いました。和風で行きたいなと思っていたけど、和風にしすぎると五輪シーズンと被ってしまうかなと思ったりしました。その意味では『SEIMEI』を、今シーズンへ向けて温めておいた感じです」

羽生が〝和〟にこだわったのは理由もあった。

「もともと自分は、日本人としてのプライドとか誇りのようなものはすごくあると思います。初めて日本代表のジャージを着た時には、『俺は日本代表なんだ。日本の国旗を背負って戦いに行くんだ』という気持ちになり、高揚感を感じました。そういう思いを持っているからこそ、『オリンピックで和のイメージのプログラムをやりたい』という思いは強かった。それもあって15‐16シーズンに、新境地として『SEIMEI』を演じました。それをみんなが受け入れてくれて評価してくれたので、もっと極めていきたいという思いも湧き上がってきました」

前にやったことがあるプログラムだと、周囲からは「またか」と思われるかもしれない。さらに自分自身も、完璧にやることができた以前の演技にとらわれてしまうというリスクもある。だが羽生はその点も、「技術構成が違うから問題ない」と考えている。

「今のイメージは、最初に4回転ループと4回転サルコウを跳んで、そのあとに3回転フリップとスピン、ステップ。後半の1発目に4回転サルコウ＋3回転トウループで、そのあとに4回転トウループ＋1回転ループ＋3回転サルコウをやり、単発の4回転トウループを跳びます。そのあとはトリプルアクセルの連続ジャンプをやって、最後は普通の構成であれば3回転ルッツだけど、リカバリーを考えた練習ではトリプルアクセルを2本やっています。どんな状況でも対応できるように、後半の構成は常に高いレベルでやるようにしています」

昨シーズンは4回転5本の構成への意欲を問われると、「トリプルアクセルを2本入れたいというこだわりが強いから考えなければいけない」と話していた。だが、若い選手たちが複数種類の4回転を武器にしてくる中で、羽生もトリプルアクセルへのこだわりを捨て、4回転5本の構成に挑むことを決めた。

「4回転ルッツも跳べますし、練習でもそこそこやっていますけど、今はまだそれを入れようとは考えていないですね。今のこの構成でしっかりきれいにまとめること。とは言っても、後半に4回転を3本入れているから、去年より確実に構成は上がっています。その意味でもまずは、この『SEIMEI』をしっかり完成させたいなと思っています」

勝負のシーズンに持ってきた『バラード第1番』と『SEIMEI』。その選択に、今シーズンに懸ける覚悟の強さを感じたことを伝えると、「やっぱりそう感じていますか?」と微笑みながらこう言葉を続けた。

「本当に自分のやりたいようになっているのが一番じゃないですかね。『バラード』に関しても、『SEIMEI』に関しても、自分が音を感じられるプログラムです。『ホープ&レガシー』もそうでしたけど、今回は音だけではなく世界観も感じ取れるようにしたい。その点ではやりやすいというか、演じやすいのが最大のポイントだと思っています。ある意味、2シーズン前の演技にとらわれる部分もあるかもしれない。でも同じ曲で、同じような振りもある流れの中でもまったく難易度が違うものをやっているので、そこまでとらわれないかなと思います。同じ曲だけど違うことを、一歩先のことをやっているという時点で、そういうことを意識しなくてもいいのかなと思います」

新しい曲を選んでやることにも意味はある。それを演じ、「初々しいね。これから滑り込んでいけば良くなるね」というものではなく、五輪シーズンだからこそ最初から「このプログラムは素晴らしい」と思わせるものにしなければいけない、という思いがある。

8月上旬、トロントの公開練習で滑った『バラード第1番』のステップには、『レッツゴー・クレイジー』でやろうとしていた直線的な鋭さが感じられた。また『SEIMEI』には『ホープ&レガシー』でたたえていた静謐さが見て取れた。

「『SEIMEI』はすごくキャラクターが強いんです。何かこう、大黒柱みたいなものが中心にあってそれが揺るがない。だけど、そこに『ホープ&レガシー』で学んだことを取り入れると……。あれは柱がないプログラムで、沖縄の古民家みたいにすべてを受け入れるようなイメージでした。だからそういうものを融合させたいと思っていますし、今まで感じたものをすべて出したいという思いがあります」

そんな気持ちは『SEIMEI』のステップにも表れていた。大きな音がメインになるパートでは、以前のようにその音を強調するのではなく、もっと細かな音を拾っていると感じさせる滑りだった。羽生は「テンポをすべて取るということから、ちょっとズレ始めていますね」と言う。

「音を取ることがすべてではない。それが『ホープ&レガシー』の、久石譲さんのピアノを聞いていて感じたことの一つでした。例えば、『レッツゴー・クレイジー』でも、すべての音を拾いすぎていたらメリハリがなくなってしまう。強い曲だからメリハリを大事にしたいというのは、今シーズンの『SEIMEI』と『バラード』にもうまく活きてくるのではないかなと思います」

自身の競技人生の最大の目標でもある、五輪連覇。その実現のために羽生は、ソチ五輪後の3シーズンを意欲的に過ごしてきた。そして、自分が勝負を懸けるべきプログラムをじっくりと考え、選択した。それは2シーズン前に世界歴代最高得点を連発したプログラムだったが、「五輪へ向けて盤石にしたいと選んだわけではない」と話したように、後ろ向きな選択ではない。一度完成させたプログラムを進化させ、〝さらに成長した羽生結弦〟としての真価を見せる、勝負のプログラムにしたいという決意を感じさせた。

Scene 5

4回転ルッツ

17－18シーズン前半

平昌五輪シーズンの初戦となる、２０１７年9月21日からのオータムクラシック。羽生は、10日ほど前から右膝の痛みが出たため、４回転ループを封印して臨んだ。ショートプログラムは、ループをサルコウに変更した構成だった。

「今回の表現は、非常に静かなところからだんだん、ふつふつと湧き上がってくるようなものにしたかった。そういう演技を目指していたからこそ、一つ一つを丁寧にと思っていました」

そう語るように、ピアノの音色と同じく静寂な滑り出しから、力みのない4回転サルコウを決め、そのあとのスピンで徐々にスピードを上げていく。そして再び静寂に戻るとトリプルアクセルをふわりと決め、続く4回転トウループ＋3回転トウループからステップで盛り上げる滑り。自身が持つ世界歴代最高得点を更新する１１２・72点を出し、「強い羽生」をアピールした。

そしてフリーで目標にしたのは、難度を上げた後半のジャンプをすべてきれいに決めることだった。前半ジャンプのルッツとループ、フリップはすべて3回転にし、後半は連続ジャンプ3本を含めた、サルコウとトウループの4回転3本とトリプルアクセル2本の構成。4回転ループを封印した中で守りに入るのではなく、まだ誰もやっていない構成を成功させたいと考えた。

だが、最初からスピードを上げて滑り出した演技は、最初の3回転ルッツがパンクして1回転になってしまった。

「ルッツが最初に抜けた時に、跳ぼうと思えば跳べるジャンプだから、3回転ではなく4回転ループを入れようかと一瞬考えました。でもそういった何か、一個一個の雑念がすごく多くて。最後に4回転をもう一回やったりとか、いろんなことを考えすぎてグジャグジャになっちゃったなと思います」

続く3回転ループは決めたが、3回転フリップは「ノットクリアエッジ」の評価がついて加点を稼げなかった。その後は持ち直してスピンやステップもキレのある滑りを見せ、後半最初の4回転サルコウ＋3回転トウループは2・8点の加点をもらうジャンプにした。だが次の4回転トウループは2回転になり、とっさに1回転ループと2回転サルコウをつけただけ。次の4回転トウループがパンクすると、自信を持っているトリプルアクセルでまさかの転倒。最後のトリプルアクセルを4回転トウループに変更したが、ダウングレードに。

結局、8本中5本のジャンプで大きなミスをし、フリーは5位の155・52点。合計は268・24点でハビエル・フェルナンデスに逆転されて2位に止まった。

演技後、羽生は「最初の3回転の連続というのは難しいなと思いました。何か、思い切ってできない難しさみたいなものがあって」と苦笑した。4回転を跳べるからこそ、体力のある前半のジャンプを3回転にすると、動きを制御しなければいけない部分も出てくる。

「今感じるのはもどかしい悔しさですね。やっぱり4回転ループをやればよかったなと思うところもある。ループは練習では1日に1回やっていて、確実にいいものになってきているし、4回転ルッツもできなくはないですから。そういった点では正直悔しい。だから、『やっぱり挑戦しないと僕らしい、いい演技はできないんだな』と思いました。ガラスのピースをきれいに積み上げていくのではなく、もっと粗くてもいいから頂点まで絶対にたどりつけるという地力が必要だと。逆に、脆いからこそ積み上がった時にすごくきれいになるというのも僕の特徴だし、強みなので。そういう長所を活かすような試みをしていきたいと思います」

荒ぶる気持ちを前面に出してきたような言葉。そして3回転ルッツを最初に入れ、これまで「こだわりを持っている」と話し続けてきたトリプルアクセルを後半に2本入れた構成への挑戦。そこにはこれから目指す、4回転ルッツを入れた完成形を示唆する雰囲気があった。

GPシリーズ初戦となる10月20日からのロステレコム杯では、〝挑戦する羽生結弦〟の意地を前面に出してきた。ネイサン・チェンとも対決する試合。ショートプログラム前日の公式練習で跳んだのは4回転ルッツだった。

「今まで練習をやってきて『ルッツを入れられる（クオリティになってきた）な』と思った

のが、今回4回転ルッツを入れることにした理由の一つです。五輪へ向けてこれからどんどん試合を重ねていくわけですけど、実際には試合数は限られていますから。本番へ向けて試みた回数というのも一つ一つ大事になっていくと思うので、その意味でも『できるだけやりたいな』と考えました」

シーズン初戦のオータムクラシックで学んだのは、「全力でできないことが、自分の集中力を鈍らせることにつながる」ということだった。さらに2戦目の今なら、4回転ルッツを入れた構成に挑戦してみて、もしうまくいかなければまた構成を変えるという選択もできる。

「オータムクラシックのように集中力が途切れることを避けるためにも、今の自分に一番実力を発揮させる構成で、自分が一番本気を出せるプログラムをやりたいと思っています」

大会に向けた意欲をこう話していたが、ショートではつまずいた。2人前のチェンがミスを最小限に抑えて100・54点を出したあとの演技で、羽生は最初の4回転ループが回転不足となり着氷を乱した。スピンで流れを取り戻したあとのトリプルアクセルは、ジャッジ全員がGOEで満点の3点を並べる完璧なジャンプにしたが、次の4回転トウループは重心が下がる着氷になり、セカンドの3回転トウループは両腕をギュッと締めるジャンプにしてしのいだように見えたが、着氷後にブレードがうまく流れず思わぬ転倒になった。

「4回転トウループのあとで迷ってしまったのが問題かなと思います。少し慎重にいってしまいました。4回転自体は悪くないジャンプでしたが、次に両手を上げるジャンプにするには少しスピードが足りないかなと考えて……。一瞬のちょっとした迷いがあったことで、バランスを崩したのだと思います」

94・85点で2位発進となったが、演技後には笑みを浮かべていた。悔しい思いはあるが、感覚的にはそんなに悪くない失敗の仕方をしていたと。

「いろいろな面でとても落ち着いてできています。何よりこの構成が、一番練習してきているものですから。もちろんオータムクラシックの4回転サルコウを入れた構成と比較すれば10点以上低いし、評価的には大きなミスが2つありましたけど、自分の手ごたえとしてはほんとに大きなミスではないと思っています。ちょっとずつ修正して明日に向かえばいいと思っています。体力もまだまだ残っている状態で、明日のフリーへ向けては、僕自身も4回転ルッツを決めてノーミスをすることを期待しながら過ごすと思います。だからそういう気持ちに逆らわず、期待とプレッシャーを受け止めながら、自分が思い切ってできるように気持ちと身体をコントロールして、勝ちに向かって貪欲に頑張りたいと思います」

シニアに移行した2010年以来まだ手にできていない、GPシリーズ初戦の勝利。21日のフリーでは、当日朝の公式練習や直前の6分間練習で不安を見せていた冒頭の4回転ルッツを、着氷でやや姿勢を崩しながらもGOE加点1・14点をもらうジャンプにしたことで、初勝利に近づいたかに見えた。

だが、次の4回転ループは踏み切りがずれて3回転に。そのあとの3回転フリップをきれいに決めるとスピンとステップで立て直してきたが、後半に入っての4回転サルコウは重心が落ちてしまい連続ジャンプにできず。さらに3連続ジャンプを予定していた4回転トウループもパンクして2回転と、まさかのミスが続いた。

それでも終盤は4回転トウループに3回転トウループをつけて連続ジャンプにすると、その後のトリプルアクセルも連続ジャンプと単発でしっかり決めて195・92点を獲得。その得点は4本の4回転を成功させたチェンを上回る1位だったが、合計では3・02点およばず2位となり、勝利を逃した。

「やっぱり4回転ルッツを入れてやるのは大変だなと思います。今回の試合は全体的に、この構成での滑り込みがまだまだやりきれていないな、という感触がすごくありました。ただフリーに関して言えば、4回転が2本抜けた上にコンビネーションも2回だけと大きなミスをしました。それにもかかわらず（フリーで）1位を獲れたのは、やっぱり4回転ルッツがあったからだと思っています。その意味でもミスが多かったショートの結果が最終的には響いてしまったし、もったいなかったかなと思います」

4回転ループの失敗に関しては、4回転ルッツとの兼ね合いがまだうまく取れていないと自己分析した。

「集中力の案配というか、調整をうまくしていかなければいけない」

ただ、4回転ループをやり始めた時に4回転サルコウの回転速度が上がったように、4回転ルッツを跳べるようになってからは4回転ループの確率は格段と上がった。

「僕の場合は難易度順に近い形で徐々にステップアップしていくタイプなので、ルッツが跳べるようになったことでループもハマりやすくなりました」

「4回転ジャンプの跳び方はそれぞれ違い、すべてを跳び分けている」という羽生は、踏み切る瞬間の力を入れる部分や、そこに入るまでの身体や心の準備、タイミングの取り方などは、ジャンプごとにすべて別のものになっている。だからこそ「難しいジャンプばかり手をつけていると、他のジャンプにちょっと影響が出てしまうこともある」と言うように、まだ少し混乱するような状態だった。

「そういう面では、コントロールの仕方がまだまだなんだと思います。ここまでそうやって一つ一つをクリアしてきたわけですから、僕は少しずつしか成長できないのだと思います。オータムクラシックのように自分の中ではある程度簡単な構成でやった試合と、今回のようにほぼ全力の構成でやった試合を比較してみると、総合得点は今回の方がいいけど、ショートに関しては前の方がいい。ショートをオータムの構成にしてフリーを今回の構成にすればいいのでは、と思う方もいるかもしれないけど……。ただ僕は、こうやっていろんなことに挑みながら、緊張して、本当に足がグタグタになるまで滑ることができる幸福をすごく感じながら、今回の試合をやっていたんです」

もともと難しい構成でやりたいという思いもあり、練習もずっと続けていたという4回転ルッツ。試合翌日には、それに挑戦する意味を改めて口にした。

「ブライアンは戦術を考えるタイプで、実際にそういう話は春にも夏の間にもしてきました。そこでは、『4回転ルッツを入れる必要はないだろう』というのが彼の最初の言葉だったし、僕もそこまで確率は高くないと思っていました。実際に考えてみれば、今の最高得点は（4回転を）サルコウとトウループのみで勝ち取っているわけだし、それ（4回転ルッツを入れない構成）にしたら、ほぼすべての試合でノーミスができるだろうという手ごたえもあります。

でもそれをやってしまうと、自分がスケートをやっている意味がなくなってしまう気がして……。もちろんフィギュアスケートでは芸術性も大事だし、そういうところを特化したいという気持ちは多々あります。でも、『それじゃ試合じゃないだろう』というのが僕の気持ちなので。ちょっと強引だけど、僕にとってジャンプは開放的なものなので、それを今は切り捨てるというか。逆に今まで大事にしていたものを守ることは、いつでもできるなと思いました」

4回転ルッツを入れた構成の手ごたえを、演技直後は10パーセントと話していた羽生だが、この日は「まだ5パーセント」とした。このあと順調にいけば、五輪前の試合はNHK杯とGPファイナル、全日本選手権の3試合のみ。「とにかく練習を積み重ね、一試合一試合の内容を濃くして、どの大会でもいいイメージをつけることを最優先してやっていければと思う」と語る。

「やっぱりノーミスはしていきたいですね。五輪の緊張感というのは特別なものだというのは身にしみて感じていますし、その中で難しいジャンプを跳ぶということは、自信を持っていかなければいけないと思うので、一つ一つの試合を大事にしたいです。

五輪王者として臨む2回目の五輪のプレッシャーはあるけど、それは五輪王者ではなくてもあるもの。これまでの3年間で自分が試合に行くにあたってすごく思ったのは、自分が期待している部分が一番大きいのではないかということでした。自分自身への自信はあるが、それ以上に不安も大きくなる。そういう自信があるから、プレッシャーがかかってくるというのはすごく多いんだなと。でも、たぶんそれがあるから、こうやって強くなっているんだと思うし、他人以上にプレッシャーをかけているからこそ、それがうまく作用して解き放たれた時の強さもある。それは弱みではなく強みだと思うので、そこはうまく活かしながらコントロールするだけじゃなく、どれだけ時期を合わせられるかということも大切じゃないかなと思います」

最終的にどういう構成にするかはコーチとの話し合いによるし、パターンとしてはこれまでやってきたものなどがたくさんある。「でも今は、このパターンでやりたいと思っているし、このパターンでの練習を積み上げていきたいと思う」と、平昌五輪へ向けての思いを話していた。

ところが、次戦のNHK杯で、想定外の事態が羽生を襲う。11月9日、ショートプログラム前日の公式練習で、羽生は前日夜から発熱があったため、身体が少し重い感じの滑りを見せていた。4回転ループや4回転サルコウ＋3回転トウループをやったあと、挑戦した1本目の4回転ルッツ。軸が斜めになったままで着氷すると、右のブレードが氷に突き刺さるような形になって転倒した。

5分ほど練習を中断したあとの曲かけは、ジャンプを跳ばずに滑りきったが、その後の診断で「右足関節外側靱帯損傷」と診断されて棄権することに。その後も練習を再開することができず、12月21日からの全日本選手権も欠場。

連覇がかかった平昌五輪に、ぶっつけ本番で臨むことになったのだ。

Scene 6

66年ぶりの五輪連覇

2018年 平昌オリンピック

2018年2月9日に開幕した平昌オリンピック。開会式当日の午前からフィギュアスケート団体戦が始まったが、男子の出場は宇野昌磨と田中刑事。羽生は16日から始まる男子個人の競技に合わせて韓国入りする予定になっていた。

だが、11月のNHK杯で右足首を負傷してからは公式の場に出てくることはなく、情報も少ない状態。年が明けて1月に入ってから氷上練習を再開したと伝えられてはいたが、本当に出場できるのか、出場できてもどのくらい回復しているかは、誰もが危惧するところだった。そんな状況だったからこそ、2月11日に羽生が韓国入りし、ゲートから姿を見せた時は、誰もが安堵した。

そんな思いは日本のメディア以外も同じで、公式練習後に開かれた記者会見には各国のメディアが集まり、会見場は椅子に座れない者もいるくらいに満員になった。広い会場も埋め尽くされた。そんな状況を見て、羽生はこう話した。

「こうやって、こんなにたくさんの方々に囲まれて取材を受けるということができる選手は本当に限られていると思います。この場だけではなく、ここにいる人たちが発信するメディアを通して見てもらえるさらに多くの人々、観客席にいる方、すごくたくさんの人々に自分のスケートを見てもらえるんだな、という気持ちでいっぱいです。それがプレッシャーという言葉になるかもしれないけど、久しぶりに試合で滑ることができるので、むしろそれを精一杯受け止めたいです。そして僕のことを本当に待ち望んでいてくれた方々や、ここから僕を見てくれるようになる方もさらに多くなると思うので、そういう方々が『見て、本当によかったな』と言ってくださるような演技をできるように頑張りたいと思います」

羽生は12日、平昌五輪の会場となる江陵アイスアリーナのサブリンクで初練習を行った。氷の感触を確かめるように滑ると、最後にトリプルアクセルを跳んで、15分間の〝足慣らし〟でリンクから上がった。

13日午前にメインアリーナで行われた公式練習では、3種類の3回転ジャンプとトリプルアクセルを軽々と決めたあと、4回転トウループと4回転サルコウを軸の細い回転できれいに決めた。フリーの曲かけでは後半に4回転サルコウからの連続ジャンプと4回転トウループからの3連続ジャンプ、トリプルアクセル+2回転トウループも決める。そして練習後の記者会見ではこう話した。

「今回の試合は本当に作戦が大事だと思うし、ジャンプ構成も本当にたくさんの選択肢があると思う。もちろん自分の中には『クリーンに滑れば絶対に勝てる』という自信があるし、本当にそう思っています。そのためにプログラムをどんな構成にするかは、これから調子を上げていく中で決めたいと思っています」

11月に怪我をしたあとは、2か月ほど氷上練習ができなかった。陸上トレーニングの中でジャンプのフォームやイメージを固めようと試みたが、焦りもあった。

「体力面ではかなり不安がありました。氷上でのジャンプの回転やスケートの感覚などを取り戻せるか不安がありました。でも氷の上で滑れるようになってからの1か月で、『五輪に出られるな』と思えるくらいの練習はしてきているので、問題ないと思います。怪我をしてからここまで、特につらかったことはないんです。ひたすらやるべきことをやってきたし、『これ以上はできない』ということをやってきたので、何も不安要素はないですし、何の問題もありません。ひたすら、今この場所でやれることをやりたいと思います」

重い怪我を乗り越え、「羽生結弦として戦い、勝つために平昌に来た」という意志を、世界中に示す会見だった。

2月16日、平昌五輪男子ショートプログラムで羽生は、3か月のブランクから臨んだ復帰戦だということを、微塵も感じさせないような演技を見せた。

高まる期待と不安が濃密に渦巻くような江陵アイスアリーナの中で、興奮のかけらもない表情。極めて冷静だった。久しぶりに聞く大きな声援に、「リンクに帰ってきたんだな」と感じた。

当日朝の公式練習では失敗が続いて不安だったという冒頭の4回転サルコウも、本番ではあまりスピードを上げずに、フワッと跳んだ。スピードと勢いをコントロールし、穏やかな流れの中に、ジャンプをスルッとはめ込んだような演技だった。

後半のトリプルアクセルもきれいに決めて勢いをつけ、4回転トウループ＋3回転トウループからキレのあるステップに。『バラード第1番』を全体の流れだけではなく、ジャンプの跳び方やスピンの回り方も含めてすべてコントロールしているような滑り。無駄なものを一切取り去り、シンプルにピアノの音に寄り添う、透明感さえ感じさせるような演技だった。

「江陵に入ってからは練習でもジャンプの本数を制限していて、特にサルコウは身体が動いていない部分があったと思います。そこに刺激を与えるような形で練習をしていたけれど、本番では思った通りに身体が動いてくれた。しばらく試合で跳んでいなくても、自分の身体がジャンプの感覚を覚えていると思っていました。アクセルもトウループもサルコウも、何年間も一緒に戦ってきたジャンプなので、そういった感謝を込めながら跳びました」

出来栄えのGOE加点は、すべての項目で2~3点が並んだ。特にトリプルアクセルはオール3点と完璧な出来。シーズン初戦のオータムクラシックで出した世界歴代最高得点にあとわずかまで迫る111・68点を獲得。ノーミスの演技だった2位のハビエル・フェルナンデスに4・10点の差をつける首位発進となった。

スケートができることに幸福感を感じ、得点や順位を意識することなく「自分のコンディションの中でできることをやろう」と思っていただけ、と語る羽生は、3か月ぶりの滑りをこう振り返った。

「オータムクラシックはわりと『ジャンプをこなした』というか、痛めていた膝のことを考えながら滑っていた記憶があります。でも今日はそういうことには関係なく、この構成をベストな状態で滑ることができました。曲を身体で感じながら、曲に対しての自分の解釈や、見ている皆さんの解釈に、ちょっとでも触れられるような演技をしたいと思っていました」

翌17日に行われたフリーでも、五輪連覇への期待が高まる中で冷静な滑り出しをした。6分間練習ではなかなかクリーンに決まらなかった冒頭の4回転サルコウと、次の4回転トウループは、GOE加点満点の3点のジャンプにして3回転フリップへつなぐ。ショートと同じように力みのない、美しいジャンプと丁寧な滑り。

「前半は丁寧にいったというか、やっぱり6分間練習でサルコウが不安だったので……。とにかくサルコウさえ降りられれば、前半の感覚で後半のジャンプも跳べると思っていました。何よりショートのあとでも言ったように、サルコウもトウループもアクセルも3回転ジャンプも、すべてが何年もやっているので身体が覚えていてくれました。ただ、右足のトウを突いて跳ぶルッツが最も大変なので、『よく足が持ってくれたな』という感じでした」

演技後にこう振り返ったが、後半はブランクが長かったスタミナの不安も出てしまった。最初の4回転サルコウ+3回転トウループは余裕を持って決めたが、次の4回転トウループは着氷が乱れて3連続ジャンプにできなかった。次のトリプルアクセルに1回転ループ+3回転サルコウをつけてリカバーしたが、少し力みもあった。最後の3回転ルッツは着氷が乱れたが、なんとか耐えた。そして気迫に満ちたコレオシークエンス、最後のコンビネーションスピンをレベル4にして演技を終えると、羽生は右手の人差し指を立て、「1」という数字を示した。

「演技が終わった瞬間に『勝てた!』と思いました。前回のソチ五輪の時は、フリーが終わったあとは『勝てるかな?』という不安しかなかったので。でも今回は、『自分に勝てた』と思いました」

フリーの得点は、2位の206・17点。ショートの失敗の悔しさを晴らすかのように4種類6本の4回転に挑戦したネイサン・チェンの215・08点にはおよばなかったが、総合得点を317・85点にし、そのあと滑った宇野昌磨やフェルナンデスには10点以上の差をつけて、男子シングル66年ぶりの五輪連覇を達成した。

後半に連続ジャンプを3本入れ、4回転を2種類4本にする構成を決断したのは、試合当日の朝だった。

「4回転ループを跳びたいとか跳びたくないとかではなく、今回の試合はやっぱり勝ちに行きたかったたし、勝たなければ意味がないと思っていました。この試合の結果は、これからの人生でずっとつきまとってくるものだと思ったので、大事に、大事に、結果を獲りに行きました」

平昌にある特設会場で行われたメダルセレモニーのあと、羽生はソチ五輪との違いをこう話した。

「やっぱり4年分積み上げたものがあるかなと思います。ソチの時のがむしゃらさとはまた違って、何か今回は本当に獲らなきゃいけないというような使命感もあったし、『これを逃したら』という気持ちも少なからずありました。19歳の時はもっと時間があると思っていたのですが、やっぱり今回の五輪は『もう時間がない。もうあと何回あるかわからない』という緊張感もあったので、ある意味、五輪をより感じられたのかなと思いました」

前年11月に負傷した右足首の怪我は、思っていたよりひどかった。怪我の直後は痛み止めを打ってでもNHK杯に出ようと思ったが、痛みどころか足首が動かなくなっていた。靭帯だけではなく、他の部分にも痛みが出ている状態。練習ができない時期には筋肉解剖学の論文を読んだり、トレーニング方法やプランニングも学んで、今の自分にできることはないかと考えた。

やっと氷上練習ができるようになったのは2か月後、1月に入ってから。トリプルアクセルが跳べるようになったのは、江陵入りした2月11日の3週間前で、4回転ジャンプが跳べるようになったのはそのあとだった。痛みが引かないため痛み止めを服用していても、ルッツとループの踏み切りでは痛みが出る状態。4回転ループが跳べたのは日本出発の前日で、3回転ルッツもギリギリで跳べるようになった。

「でも、4回転ルッツや4回転ループに挑戦していたからこそ、こういう状態になった時でも選択肢が多かったと言えるし、それらのジャンプに挑戦したことが今回の構成をやるうえでも大きな自信になりました。ここまでやってきたことには、一つとして無駄なことはなかったと思います」

こう話す羽生が4回転ジャンプの種類を増やそうとしたのは、「間違いなくボーヤン・ジン選手の4回転ルッツを見たから」だった。また故障明けのブランクを経たシーズンに4回転ループを跳ばなければいけないと思ったのは、一緒に練習をするハビエル・フェルナンデスの完成度の高い演技を見たからだ。羽生の心の中にある〝荒ぶる心〟が進化を希求させた。一方で、それが重大な怪我も招いた。満身創痍で戦わなければいけなくなった平昌五輪は、冷静になるしかなかった。今の自分ができる最大限のことをやり、そのうえで勝つためにはどうすればいいかと。

自分の心とも戦った2度目の五輪。それは羽生結弦という選手の、4年間の成長を証明する結果でもあった。

平昌五輪から3か月後、羽生は苦しかった戦いをこう振り返った。

「これまで、攻めすぎて失敗してしまったことは多々ありました。ただ平昌のフリーで、後半の4回転トウループでミスをしてコンビネーションをつけられなかった時に思ったのは、勝負を分けるかもしれない0・1点や0・01点をどうやって取るかということでした。その瞬間に、1回転ループ＋3回転サルコウというプランがパッと浮かんだので、それがよかった。もし今までの経験がなければ、その0・1点に懸ける気持ちもなかっただろうし、安全にきれいに跳ぼうと思っていればたぶん、トリプルアクセル＋3回転トウループをやっていたと思います。でも、これまで0・何点差で勝ってきたこともあるし、それで苦渋をなめたこともいっぱいあったからこその、あの選択だったのかなと。そしてその結果、自分の演技として納得ができるものを、最終的にはできたのかなと思っています」

羽生にとってソチ五輪からの4年間は、「自分にとってのマスターピースは何なのか。何が自分の完全体なのか。どうすれば今の自分にとっての完全体といえるプログラムを見せられるか」ということにこだわってきた時間だった。その中で選んだのが、世界歴代最高得点を連発した『バラード第1番』と『SEIMEI』。それなら自身の最大の勝負の場である平昌五輪で、今の完全体にたどりつけると考えた。

だが現実は怪我による準備不足で臨まなければいけない状況。それにもどかしさも感じていた。

「怪我をしてからはもう、過去とか未来とかは完全に捨てていた、と言ったら変だけど、『平昌で結果を出すのがすべてだ』と思っていました。もちろん結果だけをそんなに重視しない選手もいるし、フィギュアスケートだから自分の表現などの芸術性に力を入れる選手もいます。でもその中でも僕としては、〝五輪連覇〟というものがこれからの人生では絶対に大事なものになると思っていましたし、これから五輪連覇というものを背負っていろんなことをしたいとも思っていました。

本当に未来も捨てて過去も捨てたような、『もうこの時だけ！』という純粋な気持ちだったからこそ、自分が過去に4回転ルッツを跳べていたとか、（万全な状態なら）4回転ループを跳べるというような考えもすべて抜きで、全力でできたのかなと思います。だからあの時の演技は、ある意味で全力だったし……。

フリーはノーミスではなかったけど、あれだけのガッツポーズができたのは、やっぱりあれがあの時の自分の最大限のことだったと思えていたからではなかったかなと思います」

絶対に勝たなくてはいけない、という思いは、２０１４年ソチ五輪でも強く持っていた。

それでもソチは、羽生にとっては通過点だった。「ここで金メダルを獲れたら、次にもう一つ獲ればいい」という気持ちだった。だが、平昌で結果を出すというのは、自分にとっては最後の一つであり、最大の目標でもあった。だからこそ、「それが目の前にあって、本当につかみ取れるかどうかというところだったので。やっぱり手が震えるというか、そういう心境ではありました」と言って、羽生は微笑んだ。

「何か、自分の中では次の北京ではなく、本当に平昌と決めていたんです。それは自分の本当に幼いころからの人生設計として。だからこそ、なんだろう……。周りのプレッシャーもあるし、右足首の不安もあったんですけど、それよりも過去の自分からのプレッシャーの方が強かった。そういう意味でも緊張感はすごく強かったですね」

平昌では勝つこと以外は何も見えなかった。その理由を「怪我をしていたからかもしれない」と分析した。「怪我をしていなかったら、別に跳ばなくてもよかったジャンプを無理矢理跳んでいて、それでオーバーワークになってプログラムが壊れてしまったという可能性も、なきにしもあらずだった」と。

重篤な怪我をしたこと自体は不本意だったが、それを機に自分に向き合うことができた。

そして自分自身との〝死闘〟ともいえるような戦いを経て、目指していた目標にたどりつくことができた。

その過程のすべてが、羽生結弦というスケーターをさらにステップアップさせたのは間違いない。

Ryosuke Menju/JMPA

Asami Enomoto/JMPA

2018年2月、23歳。
平昌五輪に臨む

平昌五輪SP『バラード第1番』

Ryosuke Menju/JMPA

Asami Enomoto/JMPA

Asami Enomoto/JMPA

ノーミスでSPを終えて1位に。
オーサー、ブリアン両コーチが出迎える

平昌五輪FS『SEIMEI』

Asami Enomoto/JMPA　2点ともに

平昌五輪FS『SEIMEI』

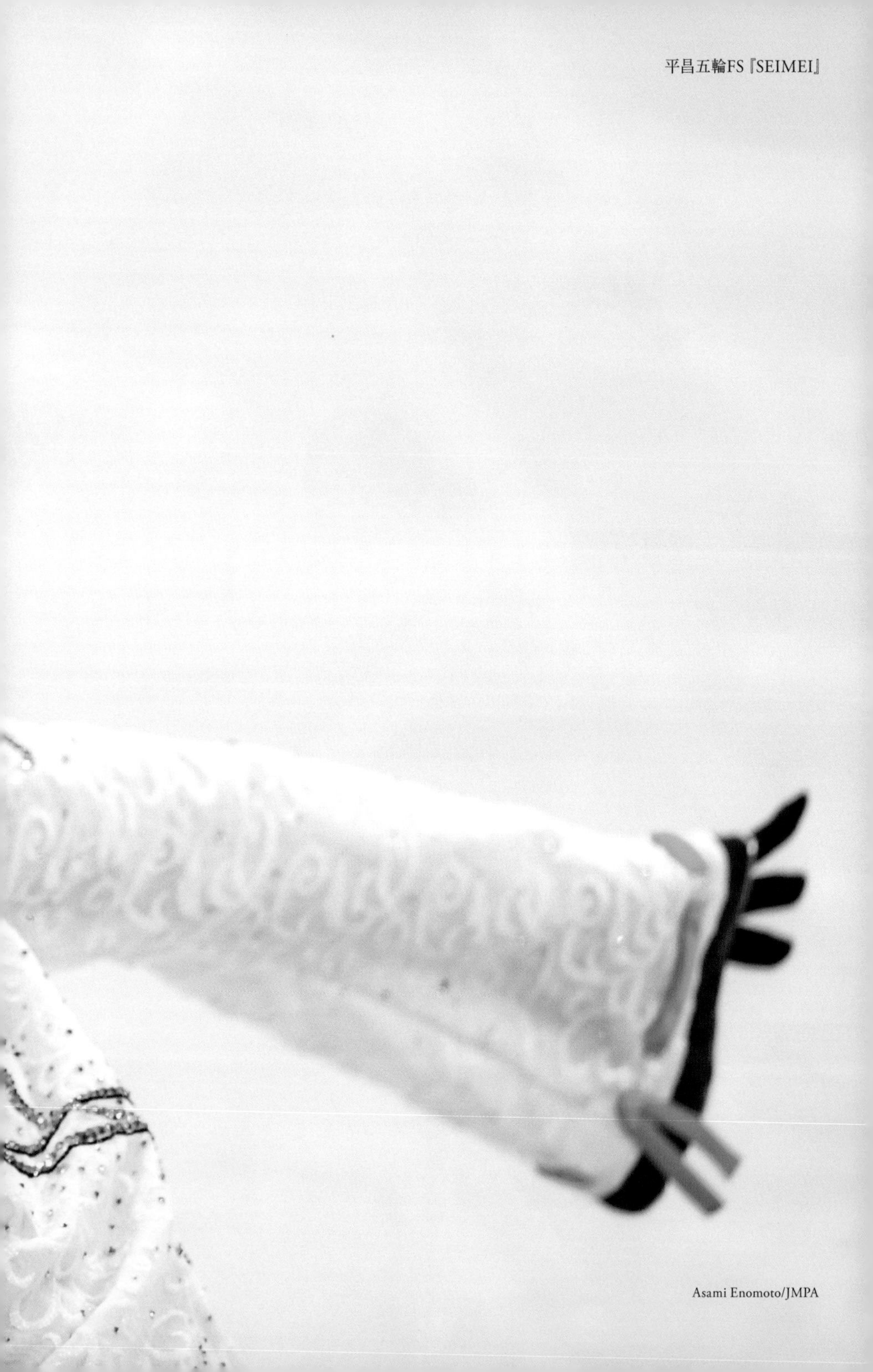

Asami Enomoto/JMPA

フリー後、「自分に勝てた！」と指を突き上げる

Tsutomu Kishimoto/JMPA

男子シングル66年ぶりの
五輪2連覇を達成

Ryosuke Menju/JMPA

平昌五輪エキシビション

Asami Enomoto/JMPA

2018年4月22日、
仙台市の祝賀イベントにて

祝賀パレードには10万人が集まった

Yuji Namba

Scene 7

初心に帰る

2018年のオフシーズン

平昌大会で五輪2連覇の偉業を達成した羽生結弦。「痛み止めなしにはジャンプを跳ぶことはできなかった」という右足は、帰国後に「右足関節外側靱帯損傷、腓骨筋腱損傷」という診断を受けて、世界選手権の欠場を発表した。

それから2か月後、自身が企画・プロデュースするアイスショー、〝コンティニューズ・ウィズ・ウィングス〟を開催した。

「最初は、冠として『羽生結弦がプロデュースしました』という形になるのかなと思っていましたが、パンフレットの構成だったり演出だったり……ライティングは自分の演目だけは全部やりましたが、トークショーの内容とか出演スケーターの人選はもちろん、グッズのデザインまで、本当に思っていた以上に細部にわたってプロデュースに携わりました」

どうすれば自分の感謝の気持ちを伝えられるか、と考え続けていた羽生は、ショーの名称についてこう説明した。

「サブタイトルの〝ウィズ・ウィングス〟は、羽生の〝羽〟という文字から。コンティニューズは、〝それを継承させていく者〟という、強い意味を持たせたくてつけました。出演しているスケーターたちの演技を見てもらうことによって、『こういう気持ちやこういう演技が、羽生選手と共通しているな』と、自分にそれがどう引き継がれているかを、少しでも感じてもらえるショーにしたいと思ったので、こういったタイトルになりました」

そんな羽生の思いは、出演したスケーターたちの顔ぶれに表れていた。幼いころには最も憧れていたエフゲニー・プルシェンコ。振付けだけではなく、音のとらえ方や姿勢、指先の隅々まで神経を行き届かせる感覚を教えてもらったジェフリー・バトル。スピンでの手の使い方などを工夫するきっかけを作ってくれたジョニー・ウィアー。『オペラ座の怪人』以来、フリーの3プログラムを振付けしてもらう中で、その独自な世界観に影響を受けたシェイ＝リーン・ボーン。

さらに羽生が小学2年から指導を受けた都築章一郎コーチの門下生で、スケートを続けるために自力でロシアへ行った行動力が羽生自身のカナダ行きを後押ししたという、ペアの川口悠子とアレクサンドル・スミルノフや、一緒にジャンプの練習をしてアドバイスももらった兄貴分の無良崇人。そしてフィギュアスケートを始めるきっかけになった存在だという佐野稔もリンクに上がった。

このショーでは当初、羽生はトークショーのみに出演する予定だった。だが、初日フィナーレの前にリンクに上がると、「五輪が終わってから3週間安静にしていましたが、前より足首の状態は良くなっていて、ステップやスピンは痛みもなく滑れるようになっています。まだリハビリ中でジャンプはできないけど、楽しんでもらいたいです」と話して滑り出した。

その演目は「僕のルーツであり、スケート人生3つ目のプログラム」と話す、ノービス時代に滑った『ロシアより愛を込めて』と、シニア1年目のフリープログラムの『ツィゴイネルワイゼン』、そして「大好きな曲であり、大好きなプログラム」と話す『バラード第1番』だった。

「平昌五輪の前は、ステップの一つ一つの動作をやる時に『痛い』と思うパートが何か所かありました。でも安静期間を終えて氷上に立ってからは、まずステップで一つずつを確認し、そのあとにスピンを始めてフライングスピンまで試しましたが、すべてで痛みを感じられないとわかってきました。それで、自分がプロデュースするこのショーで、幼いころからやってきた演技をして、見ている人たちに『あの時はこういう選手に憧れていたんだな』とか、『あのスケーターのこういったものが受け継がれているんだな』というのを感じてもらいたいな、という思いから滑ることを決めました」

以前に比べればステップワークやクロスの仕方など、表現の方法は変わってきているが、古いプログラムを演じるにあたってこだわったのは、自分の〝今風〟の滑りにしたくない、ということだった。そのため古い映像を何度も何度も見て、それになるべく近づけようという試みをした。

「昔の自分に……、昔の自分のイメージで踊るというのは、もちろん身体に入っていたものではあるかもしれないけど、『表現の幅として広がるな』というのを今回、改めてやってみて思ったので。あのころ自分が表現したかったものとか表現したい世界観とかは、その後の自分に大きな影響を与えていたんだなと思いました」

そして羽生は、新シーズンに向けてもこう発言した。

「五輪が終わったあとは〝達成感〟とか〝幸福〟という単語を何度も口にして、『今後はどうなるかわからない』と言っていましたが、今はわりと、意欲的に試合に出たいなと思っています。ループやフリップ、ルッツに関してはまだジャンプを跳ぶ動作すらやっていない状態なので、それをやった時にどういう感覚なのか、どういう痛みが出るかを含めて再考することも必要だと思います。ただ、現時点ではなるべく試合に出て自分の演技をしていきたいという気持ちは強いです。それはたぶん、今回のショーに出演していただいた偉大なスケーターたちの姿を見て、自分はまだまだ未熟だから、もっと頑張らなければいけないと感じたからこそだと思います」

次への意欲を口にした羽生だが、自身がプロデュースするアイスショーを経験したことで、得たものは多かった。5月のファンタジー・オン・アイスではこう語った。

「実際にアイスショーに関わって、こんなにもたくさんの方々が携わってくれているからこそ、アイスショーというのは成り立っているんだなと勉強させてもらいました。それにプラスして、やっぱり自分もアイスショーに出るからには、そういう人たちの力をもう少しいい意味でも使わせてもらいたいとも思って。『SEIMEI』の時も『バラード第1番』の時も思ったんですけど、曲が自分の演技を作ってくれますし、衣装もその演技を説明してくれる。アイスショーというものにはそれと同時に演出もあって……。例えばファンタジー・オン・アイスではアーティストとのコラボレーションがありますが、そういう力があるからこそ自分の演技にも深みが出てきます。『自分はこうやりたいんだ、ああやりたいんだ』と言うだけでそれらの上にポンと乗っかっているだけではなく、自分がいろんなものを作ってくれる要素の中に一回一緒に沈み込んで、みんなで立ち上げたいな、というイメージがすごく湧いてきたんです」

5月25日の幕張公演から開幕した〝ファンタジー・オン・アイス2018〟。

「ジャンプはまだ練習での種類を制限している状態で、アクセルとサルコウ、トウループはリハビリとして跳んでいる段階ですが、3回転までできるようになっています。ただ、本当に難しい入り方や、難しい降り方にはまだ着手できていません。右足首の状態はループとルッツ、フリップという、五輪の時に一番痛みを感じていたジャンプをやらない限りは痛みが出ない状態です」

こう話した羽生は第2部の大トリとして、前年からグループとしての活動を再開したCHEMISTRYが歌う『ウィングス・オブ・ワーズ』で、コラボレーションの演技を披露した。その演技に臨む気持ちも、これまでとは少し変わってきたと話す。

「ショーでは毎回、自分たちの練習が終わるとお昼ご飯を食べたりしていますが、その時にちょうど、アーティストの方々は音合わせのリハーサルをやっているんです。申し訳ないなと思いながら、どの公演でも毎回食事をしながら聞かせてもらっていました。ただそこで思ったのは、曲というのはまずボーカルがあるんですが、他にもヴァイオリンやギターなどもあり、曲というのはいろんな部分の土台の上にあるということでした。それはある意味、僕たちスケーターの『曲があってスケートがある』ということとすごくつながっていると思ったんです。

それでそういうことを今回は勉強をしていると同時に、この歌声やこのピアノなどそれぞれのパートの方たちに、それぞれの思いとかリズムやテンポというものがあるんだなと気がついて。それに自分がどうやって融合していくかも考えながら、リハーサルを聞かせていただいています。だからうまくできている部分もありますが、まだうまくできていない部分もあって、自分で試行錯誤している状態なのでちょっと大変ではあるけど、頭の中ではいろいろ考えたりしています。それでも自分の感触としてはすごく楽しく滑れているし、ある意味では新境地に挑戦中という感じでやれています」

右足首の状態がまだ万全ではなく、演目はコラボレーションだけということもあって、いろいろ考えるところもあった。

「競技会や、エキシビションプログラムを滑るアイスショーもそうですが、普通は曲という平坦なところがあって、その上にスケーターが乗っかるだけだから、プログラムを演じるのはすべてが自己責任なんです。自分の技術とか自分の思い、そういうものがあってのプログラムになっている。でもコラボレーションだと、それに多くのものが乗っかっているから自分の思いや出来だけではダメなんです。その点ではすごくプレッシャーを感じながらやることができています。

それにCHEMISTRYさんは2人で歌われていますが、お2人ともリズムの取り方や呼吸の取り方は違うんです。たぶんご自身たちが身体の中に持っているリズムというのもまた、お2人とも違うんだと思います。そんな2人の掛け合いやハーモニーでできているプログラムでもあるからこそ、自分がそのどちらかに寄りすぎてしまうのではなく、そこに羽生結弦として入っていくことで、3人で作り出す多面的なプログラムにしていきたいというのは強くあります。だから昨日より今日、今日より明日、ということになっていくと思います」

また羽生はファンタジーの期間中にステファン・ランビエルと対談した。そこでランビエルは「僕がユヅルの演技を見て感じることや学んだことは、彼は観客と音楽をつなげて特別な瞬間を作り上げていくこと。だから観客の皆さんは、僕が平昌五輪を見たあとでユヅルのあの演技が頭の中に鮮明に浮かんできたように、家に帰ってからも彼の演技のイメージが鮮明にいくつもいくつも残る。プログラムを作るにはいろんなプロセスがあるが、最終目標はその〝スペシャルモーメント〟を作ることだと思います」と語り、羽生はこう返した。

「僕にとっては音楽と自分の演技が最初だと思うけど、そのあとにお客さんとか……例えば今回のファンタジーだったらゲストアーティストとか、そういう要素のすべてが一緒になった時に見える景色というものがやっぱりあると思うんです。でも最近強く思っているのは、見ている人が感動するとか印象に残ることというのは、その人がその演技にどういう風な感情を抱いているか、演じているスケーターの何を知っているか。さらにはその人たちが今まで何を経験して、何を感じて生きているか……。そういうものが混ざり合うから感動が生まれたり、表現というものが生まれたりするのだということです。だからそれをいかに広げるかとなると、見せる側が一人でワーッと『自分はこれを表現したいんだ！』となってしまうと、それは結局自分一人の体験になってしまう。だからなるべく多くの方々の人生や、過去の経験に入っていけるようにできれば、というのが最近はすごくあります。それこそがステファンの言っている〝スペシャルモーメント〟だと思うし、それがクリアなイメージになってずっと残っていくのかなと思います」

ファンタジー開幕の幕張では、ジャンプはトリプルアクセルと3回転トウループのみだった羽生だが、そこから目覚ましいほどの回復を見せた。次の金沢公演では4回転トウループを跳ぶと、その翌週に長野市で〝長野オリンピック・パラリンピック20周年記念事業〟として行われた「Heroes & Future 2018 in NAGANO」では、3回転ループを解禁。『ホープ&レガシー』をステップとコレオシークエンス中心の3分間にしたプログラムでは、3回転ループの他に4回転トウループ+3回転トウループと、トリプルアクセル+1回転ループ+3回転サルコウと、単発のトリプルアクセルの計4本を入れる構成の演技をした。そしてファンタジー後半の金沢と神戸公演のフィナーレでは、4回転トウループ+トリプルアクセルも跳ぶまでになっていた。

競技人生最大の目標にしていた五輪連覇を果たした羽生結弦は、フィギュアスケーターとして次のステップに進もうとしていた。

8月末にカナダのトロントで行われた公開練習で明らかにした新プログラムは、幼いころに憧れたスケーターの使用曲を使うものだった。

フリーはエフゲニー・プルシェンコの03‐04年のフリー『ニジンスキーに捧ぐ』で使用した『アート・オン・アイス』をベースに、3曲中2曲を使用して『Origin』と名付けたプログラム。そしてショートはジョニー・ウィアーが04～06年にフリーで使用していた『Otonal』だった。

「フリーは自分の中では、〝起源〟とか〝始まり〟という意味を持たせたかったので、こういうタイトルにしました。プルシェンコさんの『ニジンスキーに捧ぐ』は僕の中で一生消えないと思う、大切なもの。それを最初に見た当時は、ニジンスキーを滑っている時のプルシェンコさんの圧倒的なオーラやポーズ、一つ一つの音に合わせている動きやジャンプ、そういったものにすごく惹かれた記憶があります。

確かに僕はスケートを始めたころから楽しくやっていましたし、先生方にも一生懸命教えていただいたけど、自分自身は『この競技を極めたい』とか『五輪で金メダルを獲りたい』というような具体的な目標はないままやっていました。でもソルトレークシティ五輪やその前の、前の前のシーズンのプルシェンコさんやアレクセイ・ヤグディンさん、本田武史さんたちの演技があったからこそ、『この世界で1位になりたいな』『プルシェンコさんのように金メダルを獲りたいな』と思うようになりました」


羽生自身も、小学3〜5年のフリー『ロシアより愛を込めて』を滑ったころから、どちらかというとロシア流の表現や物語、曲を意識するようになったという。

「そのころ教えていただいた都築章一郎先生の原点もロシアの方にあったりして、自分の中でもロシア系の教えだったり表現が入っているので。その点でもこのプログラムは、ある意味、原点に返る感じでやっています」

「ジョニーさんの『Otonal』に関しても、僕らはずっと『秋によせて』と言っていましたけど、僕のスケート人生の中では非常に印象に残っているプログラムの一つです。衝撃的だったのは、男性だからこそ出せる中性的な美しさ。それが彼の一番の魅力だなと思いましたし、ジャンプを降りたあとの流れだったり、姿勢の美しさだったり。音に合わせて一つ一つの丁寧さとか、自分もこういう風に跳びたい、滑りたいなと思った記憶があります。彼のスケートに見入って、そこからスピンに手の動きを入れた振りを付けたり、柔らかい表現だったり間の取り方だったり、そういったもの一つ一つに注意をして演技をするきっかけになったプログラムの曲です」

平昌五輪が終わってから1か月弱スケートができない状態だった時に、羽生は「もう自分が勝つとか負けるということに固執する必要はないのではないか」と考えた。それと同時に、「もう自分のために滑ってもいいのではないか」とも考え、幼い時に憧れて滑りたいと思っていたこの2つの曲にしたいと思った。その気持ちを〝コンティニューズ・ウィズ・ウィングス〟に出演してもらった時に2人に伝えると、「すごく嬉しい」「頑張ってくれ」と快諾してくれた。

「自分の中では今まで、自分のスケートをしなきゃいけない。期待に応えなくてはいけない。結果を出さなくてはいけない、というようなプレッシャーがすごくありました。でも今はそれを外していて……。自分がスケートを始めたきっかけというのは楽しかったからだったし、スケートを滑って自分の夢を追いかけている過程が楽しかった。その楽しかった気持ちや、自分が今まで歩んできた、本当に大変だった道のりをいろいろ思い返して、何か、その自分に対しての恩返しというか、自分が報われるようなことをしてあげたいなという気持ちもあって、それでこの2つの曲にしました。

あのころの自分はプルシェンコさんやウィアーさんの演技を見て、『この曲を使いたいな』と思いながら滑っていたし、それらを聞きながら滑って楽しんでいた自分がいたので、この曲を自分のプログラムとしてやったらすごく楽しいだろうなと思いました。そういう意味でも、自分が本当に初心に帰ってスケートを楽しみ、スケート自体を自分のためにやっていると感じながら滑れるかなと思いました」

再び歩み出そうとしている新たな競技人生。羽生は明るい笑顔でこう話す。

「競技人生というより、スケート人生が新たに始まった感覚がありますね。やっぱり今までは五輪で勝つことが大きかったので。五輪で勝つことが一番の目標だったし、それだけをモチベーションにやってきたところもあります。だから今は、その大きなモチベーションを失ったのかな、という気持ちもあります。

そもそも僕はソチ五輪で金メダルを獲った時に、あまりにもつらすぎたから辞めようと思っていたんです。『もういいかな』と。でもやっぱり小さいころから平昌で優勝したいと思っていたし、そこからは五輪を連覇するのが目標になって。だから平昌で連覇できたあとは、『ああ、もう終わった』と思っていたんです。ただ、自分の中にはちょっとモヤモヤも残っていて……。それがたぶん、4回転アクセルだったのかなと思っています」

そんな複雑な思いがあった五輪後、アイスショーでプルシェンコやウィアーなどと行動をともにしている中で気持ちも少し変化した。

「プルシェンコさんやウィアーさんだけでなく、ステファン・ランビエルさんやジェフリー・バトルさんなど、いろんな人たちとアイスショーを一緒にやらせていただいていますが、スケーターとしての自分、もしくは人間としての自分と彼らを比べると、圧倒的な格の差を感じました。それは年齢的なことかもしれないし、これからいろんなことを経験して出てくるものかもしれない円熟味ということかもしれないし……。だからそういう意味ではあまり〝対等〟とは考えていなかった。

でもこの夏までにいろんなアイスショーをやってきてすごく感じたのは、彼らが自分のことを同等だと考えてくれていることでした。『五輪で2回金メダルを獲るなんてすごいことだよ』と、何度も言われました。それがすごく大きくて、自分で五輪を連覇したことの自信につながっていきました。そういう自信や、自分が認められるようになってきたこともあるんですけど、今回選んだこの曲たちに関しては、ただ単純に自分が小さいころから滑りたかった気持ちを大切にしてあげたい。そんな思いでした」

憧れていた2人のスケーターの代表曲を使用し、羽生は自分のプログラムの構想をこんな風に考えていた。

「以前は、プルシェンコさんのこの部分を受け取って、ウィアーさんのここの部分を受け取って……とか、自分の色ではなくても尊敬している方々のいろんな部分をつなぎ合わせて自分になればいいな、と思っていました。でもやっと、去年のシーズンくらいから自分らしさが見えてきていて……。その前のエキシビションプログラムの『春よ、来い』とか、『天と地のレクイエム』などもそうなんですけど、自分の色がやっと出てきたなと。だからその色を自分が尊敬している方のプログラムに入れたうえで、その方々へのリスペクトを持ちながらやってみたい。そんな気持ちがあります。ただ、今は自分の好きなようにやってしまおうかとも思っていて（笑）。それが一番かもしれませんね。自分の中では今は達成感が大きいので、もう素直に自分の気持ちとか、大きな意味での童心の中にあった夢を、素直にかなえてあげようと。だから今は、なんというか、子供に戻った感じです」

そう言って笑う羽生は、スッキリとした表情で新たなスケート人生を踏み出そうとしていた。

2018年4月、
“コンティニューズ・ウィズ・ウィングス”にて

2018年8月、トロント・クリケット・クラブで公開練習（4点とも）

ANA

ANA

ANA

2018年8月、トロントにて

Scene 8

再び灯った火

18–19シーズン前半

平昌五輪後のルール変更で、男子シングルとペアのフリーは時間が30秒短縮され、男子はジャンプが1本減って7本に。これまで後半に入れれば基礎点が1・1倍になっていたジャンプも、基礎点が高くなるのはショートでは最後の1本のみで、フリーは最後の3本だけに。さらにGOE加点も最大が±5点になり、これまでの7段階評価から11段階評価になった。

新シーズンへ一歩を踏み出す初戦のオータムクラシックは、羽生にとっては悔しい結果となった。

「今日の試合のコンセプトは、一つ一つをすごく丁寧に感じながら滑ろうと考えていた」と話すショートプログラム。最初の4回転サルコウとトリプルアクセルは丁寧に決める滑り出しを見せた。

「2回連続スリーターンのバックスリーから入るサルコウは、ハビエルがやったことを真似している感じです。自分にとっては彼も大事な人なので、そういうところを取り入れた。ツイズルからのアクセルは僕のものだけど、いろんな人たちを参考にしています」

「3本目のトウループのコンビネーションでは、1発目のジャンプが詰まってしまったので、力を使ってしまったのもありました。そこで若干集中が切れてしまったかなと思います。やっぱり、試合という緊張感もすごくあったし、久しぶりの試合でジャンプを跳ぶ集中の仕方とか、怖さとか……そういうものを味わいながら滑っていました」

そう語るように、4回転トウループ+3回転トウループは耐える着氷になり、フライングキャメルスピンのあとのシットスピンはつまずいたような形で入ってしまい0点の評価。さらに3本目の連続ジャンプも前半に跳んだと判定されて基礎点が上がらず、97・74点のスタートになった。

翌日は、30秒短縮されてから初めてのフリー。

「ジャンプが1つ減って楽になったと思われるかもしれないですが、3回転なら助走からランディングまで含めて10秒で跳べる。実質20秒削られるということだから、その分忙しくなってきついと感じています」

吹き荒れる風の音とともに、〝生命の目覚め〟を思わせる滑りで始まると、最初の4回転ループは耐える着氷になった。それでも丁寧なつなぎから跳んだ4回転トウループは3・99点の加点をもらうジャンプにし、コンビネーションスピン、ステップシークエンスとつなげて流れに乗ったかに見えた。

だが後半の4回転サルコウで転倒すると、次の4回転トウループは2回転になるミス。そのあとのトリプルアクセルは2回転トウループをつけて連続ジャンプにしたが、最後のトリプルアクセルは着氷を乱して、連続ジャンプは1本だけに止まる結果に。合計を263・65点にして優勝はしたが、16歳の同門、チャ・ジュンファン（韓国）に3・87点差まで追い上げられた。

「後半の4回転トウループはトリプルアクセルをつけるコンビネーションにして、それが跳べたら次は3回転フリップ＋3回転トウループにする予定だったけれど、あまり戦術は考えていないですね。本当に自分が滑りたかった曲でプログラムを作っていただき、自分が今できることをプログラムの構成として入れ込んでいるので。やっぱりこのプログラムは、本当に自分が楽しめればいいという気持ちが強く出ていると思います。今回はなんとかギリギリの点差で勝つことができたけど、自分の滑りたかったプログラムに対する実力があまりにも足りないと思う。自分の納得できる演技ができるくらい練習を積んでいかなければダメだなと思いました」

今回こだわった4回転トウループ＋トリプルアクセルについては、「別に世界初とか、そういうのは自分にとってはどうでもいいこと。今はスコアに縛られることなく演技ができています。だから点数的にどうかではなく、自分が今できうる最高のコンビネーションジャンプは何かとなると、やっぱり4回転トウループからのトリプルアクセル。その意味でもやろうと思っているんです」と説明した。

この連続ジャンプは2018年当時のルールではシークエンス扱いになり、基礎点は両得点を足したものの8掛けになる。それでも自分が憧れ、尊敬する選手の使用曲を使わせてもらうプログラムだからこそ、得点に関係なく、今の自分が確実にできる、最高の要素を入れたいと考えた。

そんな思いを持つ羽生にとって、この初戦での悔しい結果は、過去3大会ともに次へ進むきっかけになったように、今回も得るものが多かった。

「手ごたえは特になかったけど、今回試合に出て一番よかったと思うのは、『やっぱり試合で勝ちたい』という気持ちが強くなったことです。五輪が終わってからある意味ちょっと抜けていた気持ちの部分が、また戻ってきた。火をつけられた状態。自分の中に火が灯ってきたなと思います」

競技を続ける以上はアスリートでなくてはいけない。そんな思いを改めて認識する大会にもなった。

心の中に、再び灯った火。それが一つの形となって表れたのは、GPシリーズ初戦となる11月2日からのフィンランド大会だった。

この大会へ向けて羽生は、プログラムの構成を変えてきていた。ショートプログラムで連続ジャンプを後半にした理由を「オータムクラシックでも言っていたように、勝たなければいけないからです」と話した。

「ただ、自分がこの曲で表現したいことは絶対に譲れないと思って……。大変ではあったけど、4回転トウループからの連続ジャンプを少しずらして後半に入れ、そのうえでジャンプ以外の要素もすべて後半に入れる構成にしました。やっぱりジャンプが終わると自分の気持ちをより入れることができますし、ある意味解放されるところはある。そうやって自分の気持ちを解放してスピンやステップをやりたいという意識がすごくあります」

曲調が緩やかな前半にジャンプを集中させたのは、ジョニー・ウィアーの演技を見て印象的だった中に、ジャンプの流れるようなランディングの美しさがあった。それと同じような力みがなく柔らかいジャンプを曲調が静かな前半で決め、曲が盛り上がる後半ではスピンとステップで自分の感情を表現したい、という意図があるからだ。

さらにフリーも構成を変え、2本目のジャンプを4回転トウループから4回転サルコウにして、曲の後半に入ってからの最初のジャンプは4回転サルコウ＋3回転トウループを跳んでいたところを単発の4回転トウループに。そして基礎点が1・1倍になるラスト3本のジャンプに、4回転トウループ＋トリプルアクセルと、3回転フリップ＋3回転トウループ、トリプルアクセル＋1オイラー＋3回転サルコウと連続ジャンプを並べた。

「何よりコンビネーションで2回転トウループを1本も跳ばなくてもよくなったというところは大きかったですね。もちろん練習の段階で大変なところは何か所もあったけど、そこはしっかりクリアできたので不安なくできると思います。3回転フリップ＋3回転トウループはジュニア以来だけど、ルッツはまだ足にかかる負担がちょっと大きいのでフリップにしました。最後の3本のジャンプの中で4回転も入れつつ、3回転＋3回転を入れましたが、なおかつトリプルアクセルを2回入れたいという欲張りな考えもあったので……。だったら4回転トウループのあとにトリプルアクセルを入れるしかないなと思いました」

そんな思いを持って臨んだ試合。ショートは「6分間練習の最初のジャンプはすごくきれいに決まったんですが、そこからだんだん崩れ始めて。それでも氷に上がってすぐのジャンプがよかったことを信じて跳んだ」と話した4回転サルコウを、4・30点の加点のつくジャンプにした。後半の4回転トウループ＋3回転トウループはセカンドの3回転の着氷がうまく流れず加点は少なく、ステップもレベル3に止まったが、新ルールで世界最高の106・69点を獲得して首位発進した。

入れているジャンプは、すべて手の内に入れているジャンプ。だからこそ完璧にやらなければ得点は伸びないと重々わかっている構成だ。

「まだまだ自分のベストの点数ではないかもしれないし、ジャンプも安心してやるのであれば、例えばイーグルを抜いたりツイズルを抜いたり、ダブルスリーを抜いたりとかいろいろなことができると思います。でもこのショートプログラムに関してはだいぶ滑り込めてきていると思うし、何より自分がジャンプに入るにあたって、『ジャンプを跳びますよ』というような（つなぎが少なく、見るからに助走の長い）プログラムにはしたくないので。リスクをちょっと取りながらも、自分の中で安定して気持ちを入れられるようにと心がけています」

翌日のフリーは、シニアデビュー以来逃し続けていた、GPシリーズ初戦の勝利がかかった演技。「ショートの前は緊張感も大きかったですが、今日のフリーの前は『ショートのアドバンテージもあるかな』と思い、気持ちとしては少し楽にやれた」が、朝の公式練習から入念に跳んでいた最初の4回転ループは、回転不足で耐える着氷になった。そして次の4回転サルコウはしっかり決めたが、少しスピードを抑えたような滑りに。その理由をこう話した。

「ここのリンクはエッジ系のジャンプがうまくハマらなくて苦労していたんです。こっちへ来る前の練習では4回転ループもほとんど外さないで跳べていたので、このリンクに来てからちょっとびっくりしたというところもあって、なかなか調整できなかった。でも最終的には今朝の公式練習で、『スピードを出さなければ跳べるな』ということを少し思って。だからエッジ系のジャンプは、特にループはスピードを落として慎重に行きました」

予定されていた中国杯が中止になり、代替開催になった大会でもあった。後半に入っても最初の4回転トウループが回転不足になり、こだわりを持っていた4回転トウループ＋トリプルアクセルもアクセルの着氷が少しスリップする形になって0・14点の減点。そこからはミスなく終えてフリーの得点は190・43点、合計を297・12点にして優勝した。予想外のリンクコンディションにも解決策を見つけて対応したことが、高難度のプログラムを滑りきる力にもつながった。

「ジュニアGPを除けば、これまでずっと獲ることができなかったGPシリーズ初戦での1位を獲ることができたのは嬉しいです。もちろんアンダーローテーションやふらついているジャンプも多々あったり、スピンの出来も自分の中では課題がいっぱいありましたし、そもそも集中しきれなかったところもあった。完璧な内容ではなかったかもしれないですが、ショート、フリーともに大きなミスはなく、ジャンプもとりあえず立てたというのは大きな収穫だったと思います」

こう振り返った羽生だが、こだわりを持っていた4回転トウループ＋トリプルアクセルについてはこう語る。

「アンダーローテーションもついてないので一応は成功にはなりましたが、自分では加点をしっかりもらえてこそ成功だと思っています。アクセルへの思い入れもあるし、後半にトリプルアクセルを2本入れたいという強い思いがあったので、このジャンプをやろうと思ったけれど、それでGOEを取れなければ入れた意味はない。今シーズンのGOEの比重の大きさというのは、改めて自分の演技後の点数を見て感じたところでもあります。『全部降りた』ではなく、『全部きれいに決まった』と言い切れるような演技をしなければいけないと思います」

それでも、「勝利とともに、課題も多く見つかったことは有意義だった」と振り返る。そしてその契機になったのは、前戦のオータムクラシックだった。

「あそこで得たものはすごく大きかったと思うし、やっぱり試合というのは自分をものすごく成長させてくれると改めて感じました。オータムクラシックの前までは4回転アクセルの練習をしていましたが、あの結果を受けて『今はこれを練習している場合じゃない』と気づかされたというのもありました。今シーズン中に4回転アクセルをやりたいと思うけど、今はとにかくショートもフリーも完璧な演技でやることが一番かなと思っています。試合で勝たなければいけない、というのがスケートをやる大きな意味になっているし、このプログラムをクリーンに滑り、そして勝つというのが、ジョニーさんとプルシェンコさんに対してのリスペクトの気持ちを形として捧げられることだと思う。昨日のショートをジョニーさんが見てくれていたみたいなのですごく嬉しかったですけど、パーフェクトな演技ではなかったので。早くこのプログラムで、自分が憧れていたようなスケートができるように頑張りたいです」

次は2週間後のロステレコム杯。羽生はそこへ向け「プログラムの完成度をさらに高めることは難しいだろうけど、今回と同じような演技ができるか。あるいはそれ以上の演技ができるかは、自分にとってのチャレンジであり、挑戦しがいのあること」と意気込みを口にした。

モスクワ入りした翌日午前の公式練習。フィンランド大会で苦戦していた4回転ループに対して羽生はナーバスになっていた。練習後半では5回連続で挑み、最初はきれいに決まったが、そのあとはコースを変えたりスピードを落としたりして臨み、手をついたり転倒する着氷になった。それでもその表情には迷いはなかった。

「ループはどうしたら跳べるのかな、ということをずっと考えていました。最初の方できれいに決まったジャンプはなんというか、イメージだけで跳べている感じだったので。でも、イメージだけではなく自分が狙った入り方で跳びたいというのがあったから、スピードを変えてみたりしました。イメージで跳ぶことも大事なんですけど、ここで確実に跳べるようにするにはどうしたらいいのかな、と考えながら練習できました」

そう話した羽生は、練習の途中でリンクサイドにいたタチアナ・タラソワ氏のところに駆け寄って挨拶をしていた。今季のショート『Otonal』は、ジョニー・ウィアーがかつてフリーで使用していた曲だが、その振付けをしたのはタラソワ氏だった。

「タラソワさんが見に来てくれているのは、途中で気がつきました。ウォーミングアップの時には、プルシェンコさんのコーチだったアレクセイ・ミーシンさんもいたので、ご挨拶をしました。自分はそういう方々のおかげでスケートが好きになったし、そういう方々がいるこの地だからこそ、しっかりと自分らしい演技をしなければいけないなと改めて思いました」

そう言って自分の原点を見つめ直していた羽生は、翌16日のショートプログラムで、フィンランド大会より完成度の高い滑りを見せた。最初の4回転サルコウは鋭さとキレのあるジャンプで4・30点の加点。続くトリプルアクセルと、フィンランドでは不満を感じていた4回転トウループ＋3回転トウループはともに3点台の加点。スピンとステップもすべてレベル4の取りこぼしのない演技で、2位に20点以上の差をつける110・53点の1位発進をした。

「4回転サルコウはスコア以上に自分の感覚もよかったです。公式練習でもできなかった、フィンランドでもできなかったんですけど、降りた足でそのままカウンターをしたりとか、自分でも納得できる形でトランジションにつなげられたので、すごく満足しています」

ジャンプだけではなく、後半の感情を込めた滑りも観客を魅了するものだった。

「今回の目標は106点で、フィンランド大会と同等の点数を取れれば自分的には満足と思っていたから、頑張ったなと思います。今のルールではGOEを取ってナンボと思っているので、その点ではいい傾向だと思うけど、この構成では今回の得点が実質的にはマックスかなとも感じています。ロシアに来た時はジャンプに集中しようと考えていましたけど、今日はどちらかというと意識を表現に振ったような試合でした。指先とか表現などの一つ一つを大事にしたショートになったので、その意味では評価できると思います」

観客席には、シニア2シーズン目のフリープログラム『ロミオ＋ジュリエット』の手直しのためにロシアに来た時に振付けで世話になったイゴール・ボブリン夫妻も来ていて、終わったあとには正面の席でスタンディングオベーションをしてくれた。

「そういう方たちが見てくださっていたという意味もあって、すごく感情を込めたものになったかなと思います」

その完璧なショートに続き、前戦のフィンランド大会でわずかなミスに抑えていたフリー『Origin』も、完成された演技を見ることができる期待が高まった。しかし、翌日のリンクでは、思わぬ事態が待っていた。

午前の公式練習で羽生はキレのいい動きで4回転トウループや4回転サルコウを決めたあと、4回転ループに入ろうとした右足がスリップして転倒する珍しいシーンを見せた。その後何度か挑戦してから始めた曲かけで、4回転ループで転倒し、右足首を痛めたのだ。

その瞬間は「カチン!」と鋭い音が聞こえたほどで、しばらく起き上がれなかった。そして立ち上がったあとは、何かを考える様子でリンクをゆっくり行き来すると、曲の途中で観客に挨拶してリンクから上がった。

「曲かけで転倒した際に『もういっちゃったな』とすぐわかったので、そこからは確認作業を始めました。リンクを少し移動しながら、ここで何をやろうか、あそこで何をやろうかと、新しいジャンプの組み立てを考えていました」

チームドクターの触診では、前下脛腓靱帯など3部位の挫傷の疑いと診断され、3週間の安静が必要と言われた。ＧＰファイナルや、全日本選手権出場も危ぶまれる状況。それでも羽生は痛み止めの注射を打って出場を強行した。その決断への経緯をこう説明した。

「今、何をしたくて何を削るかということを考えて、『今回しかない』と思って滑ることを決めました。ドクターからは『今滑ったら、余計に悪化する』と言われたけど、やっぱりロシアの大会ということもあった。それにここまでトレーニングをしてきたことが、自分にとってはすごく重たいものだったので、『諦めたくない』というのと、その成果を少しでも出したいという思いがありました」

この大会へ向けた準備段階では集中できなかったり、空回りした時期もあったという。

「そういう中で考えたのは、もっとコントロールした練習をするということでした。試合が終わったあとの急激に調子が落ちた状態から、どうやってコンディションを上げていくかということをすごく考えて。張り切ってダーッとやるんじゃなくて、一歩引いて練習をしたりとか、しっかり追い込む時間を作ったりとか。そういう風にバランスを考えて練習をコントロールしてきたんですけど、そこをうまくやれたかなと感じていました」

そんな工夫した調整法の成果を、この試合で勝つことで目に見える形にしたかった。そしてもちろん、目の前にある勝利を諦めたくないという気持ちも強かった。

追い込まれた羽生がアクシデント直後に考えたというジャンプ構成。それは4回転を4本から3本にし、トリプルアクセルを2本にするものだった。

そのフリーの演技。序盤の4回転サルコウと4回転トウループは、3・60点と4・34点の加点をもらうきれいなジャンプにし、そのあとのコンビネーションスピンやステップシークエンス、3回転ループまではミスのない滑りをした。そして単発の4回転トウループを3回転フリップに変更して跳んだあと、4回転トウループからの3連続ジャンプは、最初のトウループで着氷を乱してオイラーがダウングレードになりながらも3回転サルコウをつけた。だが次のトリプルアクセルは回転不足で転倒し、最後のトリプルアクセルもシングルになった。

「構成を落としていたので体力は持ったけど、最後はフワフワしてしまいました」

それでも最後の2種類も含めてスピンはすべてレベル4にし、フリー1位の167・89点を獲得。満身創痍の状態ながらも、合計を278・42点にして、シニア初のGPシリーズ連勝を果たした。

スケートの場合、「怪我が治ったからといって、それで終わりではない」と羽生は言う。そこからしっかりトレーニングができるか。ちゃんと自分がやりたいスケートができるかどうかが問題だと。後ろに控えるＧＰファイナルと全日本選手権も含めて考えた時、その２試合に万全で出場できる可能性は極めて低かった。だからこそ勝利に王手がかかっていたロステレコム杯の勝利を優先したのだ。

リンクから上がったあと、タラソワ氏から声をかけられて「アイム・ソーリー」と答えた。「タラソワさんには『よく頑張ったね』と言ってもらったけど、『本当に素晴らしかったよ』と言ってもらえるような演技をしなければいけなかった」と苦笑を浮かべた。

「この大会はシニア１シーズン目に出場して、翌年（２０１１年）はＧＰシリーズ初優勝をした大会です。今回プルシェンコさんは来ていなかったですけど、タラソワさんやアレクセイ・ヤグディンさんなど、僕がスケートに熱中するきっかけを作ってくれた方々が見にきていた大会。今季のフリーの構成も、もう完成が見えているような状態だったので、ここでやり遂げたかったなという気持ちは強かった。こういう結果ですごく悔しいけど、この状態ではある程度頑張ることができたかなと思います」

羽生らしい意地を見せた演技。だが一方で、こうも言った。

「すごく悔しいなと思うのは、昨年のＮＨＫ杯以降は右足首がさらに緩くなってしまっているので、ちょっとした衝撃でも大きな怪我になってしまうことです。でも、それも〝羽生結弦〟だからこそ。そういう転び方をしているようではまだまだ技術不足だな、という悔しさもあります。そんな脆さも含めて、これからまた積み重ねて、強い演技をしなくてはいけないなと思います」

前シーズンに続く重大な怪我の発生で、その後は長期休養を余儀なくされた。完成間近だったプログラムを滑り込むことができないまま、羽生は４か月後の世界選手権に挑まなければいけなくなった。

Scene 9

好敵手

2019年 世界選手権

2019年3月20日。2年ぶり3回目の優勝を狙って出場する、さいたまスーパーアリーナでの世界選手権。右足首を痛めた羽生にとって幸いだったのは、前年の平昌五輪より1か月間長い調整期間を持てたこと。そして平昌までの経験を活かせたことだった。

「今季の自分の中で一番大切なのは世界選手権ですが、昨シーズン一番大切な試合だった五輪は、今回より1か月間短かったけどある程度納得できる演技で優勝できていたというのが、すごく自信にもなっていました。試合に出ていなかった期間も含め、どういう風に気持ちを作っていけばいいか。どういう風に日々を過ごしていけばいいか。怪我明けというのがどのくらい苦しいかということも経験したうえでの今回の準備だったので、気持ち的にも楽に過ごせました」

ロステレコム杯でフリーを滑るのは大きな決断だったが、そこで滑ったことで心を燃やし尽くすことができ、自分の心の中でくすぶり続けていたものから解放されたような感覚になったという。だからこそ、スッキリした気持ちで次に進めた。

「4回転ループを跳べるようになったのは3週間くらい前から。50本に1本くらい跳べるようになったところから、一つ一つの完成度を上げる練習を始めました。右足首の強度も上げつつ、それと同時に、五輪の時とは違って『4回転ループを跳ばなければいけない』という使命感が今回はものすごく強くあって。そのループに耐えうる筋力をつけようと努力をして、試合に対する体力もついてきたかなという感じです」

そんな自信を持って臨んだ21日のショートプログラムは、最初の4回転サルコウがパンクで0点になるスタートになってしまった。

「ちょっと気張りすぎたというのはありますね。応援してくれる人たちの期待を受け止めたいという気持ちはもちろんありましたし、このプログラムに対してもすごく強い気持ちがあった。何よりロステレコム杯でいい演技ができていたからこそ、あれを超えたいという気持ちもあって、すごく貪欲だったと思います」

この『Otonal』は、シーズン初戦のオータムクラシックではミスがあったが、GPシリーズ初戦のフィンランド大会ではノーミスで106・69点を獲得。そして次のロステレコム杯では「たぶん、この構成ではマックスの得点だと思う」と話す110・53点を獲得し、完成の域に達していた。ここではそれをさらに磨きをかけた演技をすること。それがネイサン・チェンを破って優勝するための必須条件だった。

その準備はしっかりできていた。競技前日の午後の公式練習ではリンクに上がって3分弱過ぎた時にショートプログラムのスタートポジションから滑り出すと、4回転サルコウをきれいに決めた。その後もトリプルアクセルと4回転トウループ＋3回転トウループを跳び、2種類のスピンとステップ、最後のチェンジフットコンビネーションスピンを終えてフィニッシュのポーズまで、ショートの構成をノーミスで滑っていたのだ。

だが、本番の演技直前の6分間練習では、不安が芽生えてしまった。

「6分間練習の時に、なかなかジャンプに入るタイミングが合わなくて。それで少し軌道を変えて入った1本目のサルコウをミスしてしまって……。実質ちゃんとできたのは、2本目の1回だけだったので、それが不安材料になってしまったかなと思います。ソチ五輪の時のフリーの6分間練習みたいな感覚になってしまった。はっきり言って4回転サルコウはウォーミングアップなしでも跳べるジャンプだし、ショートもノーミスでできるものだったんですが、無駄に不安の原因を作ってしまったという感じで。これまでで一番悔しかったソチ五輪のフリーの経験を、ちゃんと活かせなかったことを反省しています。ミスをしてからは久しぶりに頭の中が真っ白になってしまい、全力でやりきろうとしか考えられなかった。それで後半の4回転トウループ＋3回転トウループは、絶対に決めなくてはいけないと思いました」

こう話す羽生は最初のサルコウこそ2回転で0点になったが、その後の要素はミスなく決めてスピンとステップもレベル4と取りこぼしはなし。94・87点を獲得したが、ノーミスの滑りをしたチェンには、12・53点差をつけられる3位発進となった。

だがこのサルコウのミスは、6分間練習で跳んだ時に自分が作ってしまった、氷上の溝にハマってしまった失敗だった。ミリ単位で軌道をコントロールしている能力の高さがあるからこその、不運なミスだった。

不本意なスタートながらも、フリーへ向けて「自分にはいろいろな経験値があると思うので、それをいろいろ使っていきたい」と自身の意欲を高めていた羽生。ただ、23日のフリーへ向けては4回転ループにナーバスになっていた。

20日のサブリンクでの練習では、4回転ループに入ろうとした瞬間にブレードがスリップしてしまって転倒するシーンもあった。ループやサルコウのエッジ系のジャンプは、ルッツやフリップなどのトウ系のジャンプに比べると氷の状態に影響されやすい。それも神経を使う要因になった。ショートプログラム翌日の公式練習からは4回転ループに費やす時間も多くなり、フリー当日の公式練習では終わったあとも映像を見直しながら、ブライアン・オーサーコーチやジスラン・ブリアンコーチと時間をかけて話し合う姿も見られた。

「ループに関しては、こっちへ入ってきてからも感覚は悪くなくていいジャンプもできていましたが、曲かけで跳べてないという不安感が一番大きかった。それにループが跳べてもサルコウが跳べないとか、ループが跳べなかったらサルコウが跳べるというのが普通の練習でもけっこうあったので……。今日はループに集中しなければいけないと思っていましたけど、ループとサルコウの両方というか、ループを跳べたらすぐにサルコウを跳ぶと決めていました」

その演技。最初の4回転ループはしっかり決めて3・45点の加点をもらったが、ジャッジ9名のGOE評価は、5人の3点の他は、4点と5点はいるが、1点も1名と評価は割れた。そして次の4回転サルコウは回転不足で耐える着氷で大きく減点された。その後は冷静さを取り戻すと、各要素を高い加点をもらうものにして滑りきった。結果は206・10点で、合計はシーズン初の300点超えとなる300・97点だった。

それはフィンランドで自身が出したルール改正後の世界最高得点を上回る得点だったが、「300点をちょっと超えたくらいでは勝てないと思っていた」と言うように、次の滑走のチェンはショートプログラムに続くノーミスの滑りで323・42点を獲得して優勝。羽生は2位だった。

「ループ以外のジャンプは全部信じていました。こうやって負けてしまって言うのもなんですけど、今回は会場入りした時からすごく調子がよくて、それまでの練習でもノーミスを繰り返していたので、ループさえ降りればノーミスができるという感覚はありました」

しかし「気張りすぎた」というショートの不運なミスで、少しだけ滑りを狂わせてしまった。

演技後に羽生は、「今回は僕がショート、フリーともノーミスをしても、たぶん勝てなかったと思う」と話した。ただ、心の中には違う考えもあった。

チェンは1月の全米選手権で、フリップとトウループの4回転を入れたショートと、3種類4本の4回転を入れたフリーをノーミスで滑り、苦手にしていたトリプルアクセルの精度も上げて342・22点を獲得していた。それでもこれまでの国際大会の結果と比較すれば、324点前後になると見られた。

羽生もこれまでの結果を考慮すれば、同じくらいの得点は出せるという思いはあった。ショートでリードする展開なら、プレッシャーもかけられると。だが、その計算は崩れた。

フリーの翌日、羽生は笑みを浮かべながらこう話した。

「正直な話、平昌五輪後はちょっとフワフワしていたし、今シーズンが始まったばかりの前半はフワフワしていて目的がきっちり定まっていないのではないかという気がしていました。何かをやらなきゃいけないと思いながらスケートをしていました。でも今は、このシーズンを通して自分の原点が見えてきたし、やっぱりスポーツって楽しいなと思っています。強い相手を見た時に『ゾワッ』とするような感覚。それをもっと味わいつつ、そのうえで勝ちたいなと思えました。そのために4回転アクセルもあるという感じです」

これからはさらに多くの種類の4回転にも挑戦したいと言う羽生は、「現時点では何を入れていきたいかは明言できない」と話したが、エッジ系のジャンプに苦しんだこともあり、「これからは氷のコンディションに影響されにくいトウ系のジャンプも入れていかなければいけないいかもしれない」とも漏らした。

「右足首の状態についてはいろいろ相談していますけど、手術をしてどうなるという問題でもないです。大きく痛めてしまってからは、より簡単な衝撃でも怪我をしてしまうし、以前より大きな怪我になってしまうのをすごく感じています。今季の怪我は平昌五輪前とはまったく違う方向からの怪我でしたけど、明らかに今回の方が治りは遅かったし、状態は悪かった。やっぱり、足首の耐久性や寿命みたいなものを考慮したうえで、リスクを負いながら練習しなければいけないということを、今回は突きつけられました。

4回転ルッツに関してはもちろんすでに跳べているジャンプですし、筋力もだいぶ戻ってきているし、強くなってもいるので、たぶん1~2週間練習をすれば何十本に1回は跳べる確率に戻せると思います。でも僕の場合は試合で失敗するリスクより、怪我をするリスクをかなり大きく考えていかなければいけないかなと思うので、難しさはありますね。ただ、やる気はあります」

この世界選手権へ向けては、平昌五輪前より追い込む練習はできたが、それは強い痛み止めを服用しながらという状態だった。4月に開催される世界国別対抗戦の出場を回避したのは、怪我の治療に専念するためだった。羽生は早くも、心を来季へ向けていた。

2018年
GPフィンランド大会
SP『Otonal』

2018年GPフィンランド大会FS『Origin』（2点とも）

2018年GPフィンランド大会の記者会見

2019年3月、24歳。
さいたまで開催の世界選手権

2019年世界選手権SP『Otonal』

2019年世界選手権FS『Origin』

2019年世界選手権EX『春よ、来い』

Scene

10

理想のスケート

2019年オフシーズン～オータムクラシック

2019年5月、〝ファンタジー・オン・アイス2019〟に元気な姿を見せた羽生結弦は、ショート、フリーともにプログラムを完成させるまでになっていた前シーズンを、明るく笑いながらこう振り返った。

「GPだったらたぶん、フィンランドの前の方が調子はよかったですね。練習でもショートとフリーのノーミスをけっこうしていて。で、ロシアはフィンランドとの間が中1週しかなかったので、調整が大変でした。ヨーロッパからカナダに戻り、またヨーロッパに行って、というのがかなり大変で。最初はフィンランドからロシアに行ってそこで練習をしようかと言っていたけど、食が合わないとか……。自分はどちらかというと食で胃腸を壊しやすいタイプでもあったので、『じゃあやっぱり帰ろうか』となったのですが、それはよかったと思います。実際にロシアでも演技自体はよかったけど、結局怪我をして試合でやれなかった演技というのが多かったので、名残惜しいシーズンだったかなと思います。『もっとやりたかったな』というのもあるし、出られなかった試合を見て『やっぱり行きたかったな』とも思っていました（笑）。

でも世界選手権の前は、ＧＰとは比べものにならないくらい、すごくよくなっていて……。何がよかったかというと、やっぱり曲を聞き込みきれたというのが大きかったと思います。怪我をしている最中に、それこそ平昌の前ではないですけど本当にいろいろ勉強して。トレーニング理論ももう一回（本を）開き直して『どうしたらいいのかな』というのをいろいろ考え、イメージトレーニングの仕方というのも考えましたし。

実際、足の戻りは平昌前より遅くて時間はかかったけど、最終的には平昌前よりレベルはよかったですね。ただ、技術的な回復がすごく遅かったので、焦りはあって。それでも世界選手権前最終週のあたりから、いいジャンプが跳べ始めて。もちろんギリギリのジャンプもあったけど、プログラムとして形になってくれたので。その点においては、フィンランドやロシアの前よりいい状態で入れたと思います」

その世界選手権では試合後、「ノーミスでもネイサン選手には勝てなかったと思う」と話していた。だが心の内は違った。

「ショートとフリーで、4回転サルコウを2本ミスしてしまったというのは厳しいですよね。もちろん、記者会見では『跳べても勝てなかった』みたいなことを言ってはいたんですけど、計算すると跳べていたらもっとプレッシャーをかけられたと思いますし、勝てた部分もあったんだな、ということは思いました。なので、今は4回転もアクセルは必須と自分の中で思い込みながら練習はしていますし、ルッツもやっぱり必須だなと思ってやっています。とりあえずルッツを降りられれば大きな武器になるから、ルッツとループ、それにサルコウとトウループ2本とか……。そこが最大限だと思うんですけど、とりあえず4種類5本を持っておくだけでも違うかな、という気持ちで今はいます。

その点では去年より戦闘モードに入っていますね（笑）。実際に世界選手権では勝てると思っていたし、ネイサン選手がいい演技をしてくるというのも想定済みで。全米選手権のような演技をしてきたとしても勝てるような状態にしよう、というのがあの時の目標でした。それだけの準備をしてきたつもりだったけど、サルコウに関しては『すごい慎重に入りすぎたな』というのがあったし、何か詰めが甘かったなと自分でも思っていて。だから、負けるべくして負けたというのはちょっと……。あまり好きな言葉ではないんですけど、最終的に今の自分の気持ちなどを総合的に考えたら、『今からの勝ちのために負けたんだな』というのはすごく思っています。

ただ、シーズン初戦のオータムクラシックの時とは違う感じですね。あの時は『もっとこうやらなければいけない。ああやらなければいけない』というのがあったので、『あぁ、勝ちたいな』という気持ちになっていたんです。でも今の場合は『もっとレベルを上げなさい』というのを明確に突きつけられて。『チャレンジしていいんだ』って。『足のことがどうのこうのじゃなくて、チャレンジして自分がやりたいところまでやっていいんだ』というのを、明確に見せてもらえたので。だから今は、やっていてすごく楽しいです」

こう話す羽生はこのアイスショーでは、第2部の大トリとしてアーティストとのコラボレーションを演じた。今回は4公演ともToshIのボーカルとのコラボで、彼の楽曲の中から羽生が選んだのは『マスカレイド』と『CRYSTAL MEMORIES』の2曲だった。そのプログラムへの思いをこう話す。

「『マスカレイド』をやっている時は本当に全力で、バーンと全部を出しきるくらいの勢いでやっていますし……。去年も出しきってはいたんですけど、あのころはちょっと慎重に、足首を気にしながらやっていたので。なんというか、もどかしい気持ちがすごく長かったツアーでもありました。でも今回は、最初からフルスロットルで行けています。もちろんリスクもあるかもしれないけど、そのリスクを最小限にしながら、自分の特徴でもある『フルスロットル』な状態を長く持たせられるようにしたいなというのが目標です。

もう一つの『CRYSTAL MEMORIES』は、今までの曲のような柔らかさはあるんですが、やっぱり『Toshlさんだからこうなんだよな』っていう、『羽生結弦とToshlさんだったらこういうフィーリングになるな』というのをステップで見せたかったので。あのパートは、もともとはあんなにギターが入っていなかったんですけど、今回のギタリストさんに『最後は盛り上がるようにしたい』と言って入れてもらいました。フィギュアスケートの音にするんだったらこういう感じの方がもっと合うし、もっと羽生結弦っぽくなると。だから、柔らかいんですけど、最後はかっこよく見せるというのは今回の目標でした」

そして見てくれるファンに向けては、こうコメントした。

「今までどの年も全力でやったなと思っていたんですけど、やっぱり今の自分の状態が全力を尽くせている状態だと思うので。見ている人はハラハラすると思うけど……。幕張公演の2日目のフィナーレで跳んだ4回転ルッツとかも、関係者も本当にハラハラしながら見ているんですけど、『今の自分がしたいことをやれていて、すごく幸せだな』と思いながら滑れているので。この幸せな気持ちと同時に何か、『あの（世界選手権の）負けからすごく強くなったな』という風に最終的に思ってもらえるような。『あっ、あれはやっぱり意味があったんだな』と思ってもらえるような羽生結弦になるべく、頑張っていきます」

こう話した羽生は神戸公演のフィナーレでも4回転ルッツに挑み、3日目にはきれいに決めてガッツポーズをして他のスケーターから祝福の拍手を受けた。そして最後の富山公演では、転倒はしたが4回転フリップにも挑戦。心の底から、ファンタジー・オン・アイスを楽しんでいた。

19-20シーズン初戦のオータムクラシック。9月12日の公式練習を終えた羽生は、ショートとフリーのプログラムを、前季と同じ『Otonal』と『Origin』にすることを明らかにした。

「昨季は怪我で思ったようなシーズンを送れなかったというのと、ショート、フリーともにまだ自分の中で完璧というものができていないというのが、すごく心残りでした。また、このプログラム自体を負けたままで終わらせたくない、という気持ちがすごく強かったので……。エフゲニー・プルシェンコさんやジョニー・ウィアーさんへのリスペクトの気持ちもすごくありますし、完成させたうえで、悔いなくこのプログラムを終わらせたいな、という気持ちが一番強かったんです」

ショートの『Otonal』は、GPシリーズのフィンランド大会とロステレコム杯でノーミスの演技をした。特にロステレコム杯は、新ルールで世界最高の110・53点を獲得した。だが、その後は怪我を治すことに専念する中で心残りもあり、モヤモヤしたものが残っていた。

「ロステレコム杯のショートもいいなとは思っているんですけど、あれでもやっぱり『完璧じゃないな』というのはすごく感じているので。それも含めてもうちょっと……。せっかく気持ちが入ったプログラムなので、それを完成させて2人にいいものを見せたいな、という気持ちがあります」

羽生はこの日、4回転ルッツや4回転フリップを跳んでいた〝ファンタジー・オン・アイス〟の前に、左足首を捻挫していたことも明かした。2年連続で痛めた右足首ほどではなかったが、治療に時間がかかり、飲み薬の痛み止めを服用しないで練習ができるようになったのは、４週間ほど前からだったという。

「実は、４回転アクセルの練習をするためにもっと回転力を上げていこうと思い、身体を牽引するハーネスを付けてトウループとサルコウの5回転の練習をしていたんです。そうしたらサルコウを跳んだ時に足を引っかけて痛めてしまいました。まだ4回転アクセルは降りられていないので、まだまだやらなきゃいけないいかなと思っていますが、ハーネスを付けていれば5回転の感覚もいいですし、ハーネスでの4回転アクセルはすごくきれいに降りられているので、いい感覚になっているなと思います」

ジャンプ構成は調子次第だが、今の状態ならショートの冒頭は4回転サルコウにした方がいいと思う、と語る。

「フリーはとりあえずの予定としては、４回転はループとサルコウにトウループ２本でやろうと思っています。でも調子やショートの結果次第でルッツに挑戦したり、後半の構成をちょっと変えたりとか、いろいろなオプションもあると思うし。いろんなことを練習してきたので、いろいろ試せる試合にしたいなと思っています」

だが翌日のショートは、最初の4回転サルコウで転倒するスタートになってしまった。

「ジャンプに入る前からもうダメでしたね。コースが違うので、しょうがないと思っていました。気合いは入っていたんですけど、世界選手権の失敗をちょっと引きずっているのか。それが頭をよぎって何か無駄に意識してしまって、『この時にこういうミスをしたな』と、一瞬考えてしまうというか。

僕はすごく理論で固めてしまうタイプだけど、今回のサルコウが感覚的に跳べていたジャンプだったからこそ、細かいズレが出た時にちょっと考えてしまって、理論に引っ張られすぎたかなと思います。昨季は怪我で長く休んだこともあって、今年は3月の世界選手権からシーズンが始まっているという思いでいるので、その意味でも世界選手権と自分の気持ちが近すぎて、それゆえに何か無駄な力みがあったんだと思います」

ただ、そのミスのあとは、「少し焦りはあったが、冷静にうまく切り替えられた」と話すように、納得のいく滑りを見せた。次のトリプルアクセルは片足でターンをするツイズルから入ってツイズルで抜ける、一番やりたかった形。「去年のオータムでやった時はあまりGOEが良くなかったので、それ以来やっていなかったんですが、自分では最も音に合った入り方だと思っている」という狙い通りの構成だった。

さらに公式練習では少し苦しんでいた4回転トウループ＋3回転トウループも、「サルコウとは逆に、跳ぶ前の軌道を少し変えたりして、感覚ではなく理論で固めて跳べた」というジャンプに。ＧＯＥ加点ではトリプルアクセルとともに4〜5点が並ぶ完璧なものにし、スピンもステップもすべてレベル4と、冷静に滑りきった。

転倒した4回転サルコウが回転不足になっていたこともあり、基礎点も下がっていて3・88点だったため、ショートの得点は98・38点。ミスがなければ１０８点超えは可能な滑りだった。

「初戦だから（緊張した）という感じでもなく、単純に調整不足というわけでもないので……。以前に『パリの散歩道』でも4回転トウループが跳べなくなって、なかなか決まらない時期が2戦くらい続いたことがあったんです。ちょっとその感じと似ていますね。全体的には悪くないし、練習も積めている結果がこれなので、もっとやるべきことがあるのかなと思います」

こう話すと、「ここで完成させるなよ、と言われた感じがする」と言って苦笑した。

その翌日、フリーの公式練習では4回転ループに苦しんだ。「ここに来るまで調子はよかったし、ループではあまり苦戦してこなかったので、ちょっとびっくりした」と話す。同年3月の世界選手権と似た状況だった。

世界選手権では、氷の状態に影響を受けやすいループなどのエッジ系のジャンプだけではなく、影響を受けにくいルッツやフリップのトウ系のジャンプも入れていかなくてはいけないと口にしていた。その思いはファンタジー・オン・アイスでの4回転ルッツ挑戦にも表れていた。また今回も初日の公式練習では終盤に2回跳んでいたのだ。

だが、この大会でのルッツの選択はなかった。

「ループに苦戦した時のためのルッツだったので、入れようかなとちょっと考えました。でも公式練習は朝だったし、そこから試合までもいつもとは違って時間もなかった。怪我のリスクもあったので、今日はルッツではなくループで、とりあえずまとめようと思いました」

試合前の6分間練習は慎重だった。跳んだジャンプは4本だけ。「朝の練習の時点から、最初はよかったのにだんだん悪くなっていくという感覚があったので、6分間練習は一発だけに集中することを意識した。結果的にはそれがよかったと思います」と話す。

本番では、最初の4回転ループはステップアウトになったが、踏み切った瞬間は「決まった」と思えるほどのスピード感があった。次のサルコウもステップアウトだったが、踏み切りの瞬間は同じだった。そこから滑りを立て直したが、後半の4回転トウループ2本は回転不足と判定され、得点は180・67点。合計279・05点で優勝したが、納得できない内容だった。それでも表情は穏やかだった。

「前半はけっこう集中して飛ばしていったので、その分疲れはあったと思いますが、形としては整っていたと思います。試合へ向けた段階ではいい練習をしてこられたのはよかったけど、試合の時だけはその準備や感覚の修正がうまくいかなかった。それをGPシリーズの前に見つけられたからこそ、次へ向けていろいろ修正していきたいと思います」

そして後半のトウループに関しては、回転不足と判定されたことに驚きながらも「すべて普通に降りていたつもりだし、自分の感覚としても疑問はないので、そこはまったく気にならないですね」と話した。

「昨日のショートも含めて、力みすぎてしまうところが出たり、逆にリラックスして力が抜けてしまうところがあったり、悪いところが全部出てしまいました。フリーでもいい集中状態を作れなかったのだと思います」

前日、ショートのあとには「今回はいつもの初戦と違い、自分の中で完成形が見えている状態で臨んでいる試合なので、やっぱりノーミスができないとすごく悔しいなという気持ちが強い。練習で作ってきた完成形を、本番の舞台でしっかり出しきれるように。それ以上のものがしっかり出しきれるように、と思いながらフリーに臨みたい」と話していた。

ショートの『Otonal』とフリーの『Origin』は、昨季ＧＰシリーズ２戦を終えた時点で完成形はほぼ見えていた。だが、それを怪我で完遂できなかったからこそ、今季も続行することに決めた。手ごたえが十分だったからこそ出てしまった「心のズレ」だった。


試合後羽生は、メディアから取材を受ける時間を持ち、「今後は、フリーは４回転５本の構成にしたいと思っている」と明かした。とりあえずはサルコウとトウループ２本ずつの構成だが、ＧＰシリーズ中に４回転ルッツを入れるか入れないかというのを考えながら練習をしていると。

「自分の中での『Origin』と『Otonal』の完成形というのは、今のジャンプ構成とは違うものです。だからこそ、いろんなジャンプの練習をしなければいけないと思っているし、最終的な完成形のためにも、難しいジャンプをもっとやっていかなければという風に思っています」

前シーズンはオータムクラシックを終えてやっと、「心の中に炎が灯った」と話した。一方、今年は、心の中で燃えるものが最初からある。

「もう昨年のようなふにゃふにゃした自分じゃないと思って。本当に明確なゴールがあるので、その目標に向かって毎日練習をしたいなと思っています。世界選手権の悔しさはもちろんあるんですけど、やはりこのプログラムに関しては、胸を張って終われる演技をしたいなと思っています」

そんな気持ちが強くなった裏には、昨季の世界選手権でネイサン・チェンに大差をつけられて敗れた現実がある。

「やっぱり世界選手権で、本当に『あっ、届かないな』という感覚で負けて。それでなんというか、『スケートをやる限りは勝ちたいな』と思ったんです。19歳で五輪に出て、23歳でも五輪に出て、両方とも優勝して辞めるみたいな感じは、幼稚園くらいから思っていた。だから、平昌で勝ったあとはあまり勝利への欲というのがなかったんです。ただ、去年のGPシリーズで、やっぱり勝ちたいなとは思ったんですけど、世界選手権で実際に……。ノーミスをしていたらどうなったかわからないけど、実際の演技が実力だと思うので、その時点の実力差を感じて負けたことで、何かすごく『勝ちたいな』と思いました」

4回転5本というよりも、「自分ができうる最大限の構成を常に考えている」と羽生は言う。そしてその先には、チェンという存在がある。

「もちろん世界選手権の構成が彼のすべてではないし、もっと上げようと思えばいくらでも上げられると思う。だからその時に、彼が最大限までやってきた時に、勝てる状態じゃないとダメだと思います。そのためにも、武器としての4回転アクセルを早く手に入れなければいけないと思いますし……。あまり段階を踏もうとは思っていないですけど、その前の段階としては4回転ルッツもだいぶ使える感覚はあるので、順を追ってというのも必要かなと。やるべきか、やるべきでないかというのを踏まえたうえで、入れていけるようにしたいなと思います」

4回転アクセルは、シーズンを終えてから練習を再開しているという。

「一時期はアクセルの壁があまりにも厚かったので、『これでできるようになるのかな？』とも思いました。でも『意外とできるだろうな』と思えてきた。思ったより苦戦した時期もあるし、事実、しているのですが、今は何か『4回転アクセルを跳ぶためにスケートをやっている』と思っているし、そのために生きていると思います。ただ、怪我があまりにも多いので、自分の身体のこともいろいろ考えていかなくてはいけないけど、その中でも自分の身体だからこそできるジャンプ、自分の演技の中だからこそ見えるジャンプというものを追求しながら、高難易度を目指してやっていきたいなと思っています。

だからこそ自分の中で4回転アクセルは、試合で跳べるというのが重要で。練習で一発だけ跳べるという感じなどいろいろあると思うけど、とりあえずは試合で成功させることができるレベルに達して。それから完成度を上げていって、ちゃんとGOEを取れるというレベルにしていかないと、試合に入れることはできないと思っています。そこには怪我のリスクもあるけど、うまく試合とトレーニングを両立していかなければいけないと思っています」

そう言い切る心の中には、自分が追求しようとしている、理想のフィギュアスケートがある。芸術性と技術を両立させたものだ。

「僕はどちらかに寄りたいとは思っていないし、どちらも一緒。フィギュアスケートはそういうものだと思っていて。今、芸術性がどうのとか技術がどうのという風潮もあるのは、自分もフィギュアスケーターとして感じています。でもそれは結局、圧倒的な技術力があり、そのうえでもプログラムの完成度を上げられると思う。難しいことをやりつつ、そのうえで『やっぱりこのプログラムにはこういうジャンプが必要だね。ドキドキしなきゃダメだね』というものを感じさせられるのが、プログラムの完成だと思います」

Scene

11

自分の信じる道

19–20シーズン　GPシリーズ

オータムクラシックでは、次へ向けて意欲的だった羽生。だが、GPシリーズ初戦のスケートカナダでは、フリーの難度を上げてこなかった。

競技前日午前の公式練習では、ショートの曲かけでオータムと同じ構成をノーミスで滑り、「リズムも気持ちよく跳べていたし、すごく安心できる材料になると思う。あとはこれをうまく再現し、いいタイミングで跳べるように滑り込んでいきたい」と落ち着いた表情で話した。

「オータムクラシックのあとは、試合のための練習を繰り返してきました。調整の仕方も少し変えて、一発だけにかけるという感じではなく、一つ一つ噛みしめるように調整してきたので、自分の中ではいい調整をしてこられたかなと感じています。ノーミスをしたいというのは変わっていないですが、オータムの時のように、ただがむしゃらに、ひたすらノーミスをしたいという感じではなくて、本当に一つ一つのステップを踏みながら、まずは最初の4回転サルコウであったり、そのあとのスケーティングであったり、トリプルアクセルの入り方であったりと……段階を踏んできれいに跳べたらいいな、という風に思ったうえでの、ノーミスを目指したい気持ちです」

曲かけのあとはループの練習を慎重に繰り返していたが、「エッジ系のジャンプは特に（氷との）相性があるので、しっかり氷にいろいろ聞いてみながら、エッジとどういう風にコネクトするのが一番いいかという方向を探り、時間をかけてやっていきたい」と話す。

この試合へ向けては、サブのスケート靴の修正もしなければならず、あまり時間が取れなかった。またフリーのブラッシュアップに時間を割いたこともあり、4回転アクセルや4回転ルッツの練習はそこまでできなかったという。

「とりあえず今回は4回転ルッツを入れる予定はないです。とにかく一番大事なのは、ファイナルへ行きたいので、このスケートカナダで勝ちたいという気持ちが強いです」

その言葉の通り、この日2回目の公式練習でのフリーの曲かけは、オータムクラシックと同じ構成だった。
そんな落ち着いた気持ちになれたのは、1週間ほど前にスケートアメリカのネイサン・チェンの演技を見てからだった。彼がまだ全開ではなくミスをしていたということもあるが、感じるものがあった。

「彼の演技を見ていて、何か今までは世界選手権で負けた時のネイサン選手の『強い!』というイメージとずっと戦っていたような感じで。彼本人と戦っているというよりも、自分がさらにエフェクトをかけたみたいな、彼の幻像みたいなものと戦っていたのではないかと思いました。それですごく焦った感じになり、『早く4回転ルッツを入れなければ』とか『構成を上げなきゃ』という気持ちになっていた。それがちょっと和らいだというか、自分の中に帰ってきたな、という感覚がこの1週間の中であったので、ちょっと落ち着けていると思います」

チェンが完璧な演技ではなかったというのもあるが、それを見ていて改めて感じたのは「自分は彼のようなタイプではない。自分は自分の演技をしなければいけない」ということだった。「彼にはない自分の武器もあると思うので、それもうまく使っていきたいという気持ちになった」と。

「（ネイサンが）まだ本気を出していないなという感覚はもちろんあるし、実際に僕が計算できる彼の得点というのはものすごく高いものがあると思う。自分が戦ってきた幻像みたいなものと、ほぼ変わらないくらいの点を出すだろうなというのはあります。でも自分の現段階としては、とにかくこのシリーズを通してファイナルまでしっかり行きたいし、そのあとの全日本もしっかり戦いたいという気持ちが強くある。怪我をした1年前や2年前の反省もあるのでしっかり地に足をつけて、何がリスクで何がメリットなのかということをしっかり計算しながら落ち着いてできたらいいと思います」

そんな冷静な精神状態で臨んだ、10月25日のショートプログラム。羽生はこの大会の初勝利へ向け、ノーミスの演技で109・60点を獲得する好発進を見せた。

昨季の世界選手権とオータムクラシックで失敗していた冒頭の4回転サルコウは、GOE加点4・43点の完璧なジャンプにし、次のトリプルアクセルも4・00点の加点という出だし。それができた要因を羽生はこう語った。

「今回は練習方法を変えてきました。オータムクラシックまでは最初のジャンプを失敗したらもう一回やり直すように、ノーミスだけを念頭に置いてやっていました。それは正しかったと言えるけど、それだと1発目のジャンプへの集中の仕方がちょっとずつ曖昧になっていたかなという感覚もあった。それで練習で曲かけをする時は、『絶対に最初のサルコウだけは決めよう』という意識を持って練習しました。それが今日の結果につながったと思います」

ただ、午前中の公式練習ではよかった4回転サルコウも、6分間練習でよくなかったこともあり、少し不安を感じていたという。実際に演技直前も前の選手の得点が出るまでの時間に、トウループとサルコウの、2本の4回転を跳んでいた。

「サルコウに関しては自信がなかったのと、同じ失敗を絶対に繰り返したくないというのもあった。それで後半に疲れが出るだろうなと思ったし、実際に疲れは出たけど、それでよかったと思います。トリプルアクセルに関しては本当にバチッとハマったなと思ったし、余韻を残しながらきれいにできたと思います」

4回転トウループも6分間練習でよくなかったが、「後半になって疲れてくれば跳べるかなと思い、それを信じてやった」と話す。だが実際には「力で跳ぶしかなかった」というように、着氷が少し乱れて3回転トウループをつける形になり、GOE加点は1・90点と抑えられた。それもあってか、演技後の表情は冷静だった。

「得点はともかく、自分としてはレベルを落としてしまう部分があったり、採点にも影響があるクリアじゃないジャンプをしてしまっている。そこが自分としてはすごく悔やまれる点です。4回転ループや4回転ルッツが入っている構成でこの出来だったらノーミスとちょっとは言えると思うけど、やっぱりこれではまだノーミスと言えないんじゃないかと思います」

まだ未勝利のスケートカナダで勝ちたいと、自分にプレッシャーをかけて臨んだ羽生。そのための課題にしたのは、自分の感情をいかに燃え上がりすぎないようにするかだった。そして4回転ループにも神経を使っていた。ショート当日の公式練習では曲かけ前の時間をループの練習に費やし、一度膝を曲げて尻を落としてから、助走なしで4回転ループを跳ぶ練習を繰り返していた。またフリー当日の公式練習でも、跳ぶ位置を変えたり、コースを変えたりするなどいろいろ試しながら、重心やエッジなどの感覚を確認する姿が見られた。

「あのやり方はまだ自分が3回転ループを跳べなかったころに、都築章一郎先生がトレーニング方法として教えてくれたものです。あれをやると身体の軸が取れたりとか、いろんなメリットがあるのでちょっとやってみて……。ただ、あまりにも頼りすぎてちょっと崩した部分もあったので、そこのバランスが難しかったですね。それでも最終的には6分間練習の最後にきれいなループが2本跳べたので、少しずつステップは踏めているかなと思います」

こう話すように、本番での4回転ループは、少し尻が下がった着氷になってGOEは0・15点減点されたものの、しっかり回りきって耐えた。そこからは流れを途切らせない滑りを見せ、後半には「1点でももぎ取ろうという思いでやっている」とオータムクラシックの公式練習で挑戦していた、世界初成功となる4回転トウループ＋1オイラー＋3回転フリップもしっかり決め、すべての要素をノーミスで滑りきった。羽生は新ルールになってから自己最高の212・99点を獲得し、合計を322・59点にする圧勝で、スケートカナダ初制覇を果たした。

「4回転ループは完全に克服できているわけではないし、だいぶ形はよくなってきているけどきれいに降りられていないので、やっぱり自信という面でもまだ足りないなと思っています。ただ今回に関しては、久しぶりに心の中から『自分に勝てたな』と思える演技でした。ショートとフリーがともに揃うということが長い間なかったので、そのこと自体がまず嬉しかったなと思います」

優勝の喜びをこう話した羽生は、フリーの『Origin』に関しては、まだ20~30パーセントにしか届いていない状態だとも言う。

「やっぱり最終的にはこのプログラムに4回転アクセルを入れたいなと思いますし、もしかしたら4回転ルッツを入れたいなと思うかもしれないですし……。それはまだわからないけど、せっかくこういう演技ができるようになっているからこそ、より高いものを目指していきたいと思います」

ただ最近は、演技へ向けた集中の仕方がよくわからなくなっていたとも話した。冷静になることが集中につながるかどうかは確かでない、と感じるようにもなったと。

「もっと感情を出しきった方がよかったという時もあったし、平昌五輪のように感情をすごく溜めてから、本番だけに出すようにしたのがうまくいったこともある。そんな毎回、毎回、違う感情やコンディションをどうマネージメントしていくかを、今はすごく考えています。感情だけで動けた昔とは違い、ある程度気持ちを抑えたうえで大会へピークを持っていかなければいけない。そういう壁のようなものが見えていて。それを乗り越えれば世界最高得点を連発したNHK杯やファイナルの時の感覚に近くなるんじゃないかという感触もある。ただ、今回の演技でちょっとずつその頂上も見えてきていると思うので、試合や練習をこなしながら壁の向こうに行ける何かをつかみ取りたいと思っています」

そのフリーから一夜明けた27日。「320点超えは、エレメンツが1つ多かったヘルシンキの世界選手権（2017年）以来。本当に久しぶりで嬉しいとは思いますが、まだGPシリーズ初戦なのでまだまだ気持ちを引き締めなければいけないと思っています。だからすごく、地に足をつけている気持ちでいます」と話した羽生は、「ただ今回の試合で、自分がやってきたことが少し肯定されたようにも感じました」と穏やかな笑みを浮かべた。

「オータムクラシックで点数が出なくて悔しかったのはもちろんありますし、スケートカナダはずっと苦戦していましたから。それを考えると、納得いかない結果になるかもしれないことをある程度は覚悟していたからこそ、今回は僕の滑りを、演技としてしっかり評価していただけたのはちょっとホッとしたというか、やっていることに間違いはないんだなと肯定していただけたような気がしています。だからあとは自分が勝つために、勝ち続けるために何が必要かなということを常にすりあわせながら練習をしていかないと、という気持ちでいます」

羽生はこの大会まで、自分の心の中に迷いが生じていたと明かした。オータムクラシックのソリーでは最初の2本のジャンプで着氷を乱し、後半のトウループでは回転不足を取られていたが、全体的にはGOE加点は低く、演技構成点は8点台も出て、最高は9・15点と抑えられていた。

その評価を見た羽生は、自分の演技の中からつなぎの部分の複雑な動きを外そうかとも考えた。そしてジャンプの確率を上げるために、スピードを落としてしっかり静止した状態にし、体勢を整えてから跳ぶことも考えた。「その方が明らかに確率も上がりますし、力も使えるので、高さや幅が出るということもある」と。だが、そう考えながらも、「やっぱりそれは自分の道ではない」と思いながらこの大会に来た。そしてもう一回、自分が本当にやりたいと思っているものをぶつけようと決意した。その結果、今回の評価がもらえた。

「自分がやってきている道が、本当に正しいのか正しくないかというところで、少し迷っていたんです。静止した状態からジャンプを跳ぶことが、はたして正しいのか。例えばステップから跳んだジャンプだったり、跳んだあとにステップをやったりとか、そういうものがはたして全部評価されているのかということに関して、今シーズンが始まってからすごく疑問を持っていたんです。

僕自身はそこを一番重視してスケートをやってきていたし、そこが自分の武器だとも思っていた。今回、それをもう一度ぶつけようと思ってやり、それをしっかり評価していただけたのは、この道でよかったなという自信にもなりました。これからまた4回転ルッツや4回転アクセルをやっていくにあたっても、そういう道を進んだうえで、難しいことをやらなくてはいけないなという確信になりました」

ここ数年、高難易度のジャンプに偏ってきている風潮も感じていた。自分自身も、そうならなければいけないという感覚を持ちながら練習をしていたと言う。4回転アクセルへの挑戦も、4回転ルッツへの挑戦もそうだったと。

「でも、その流れにちょっとだけでも歯止めをかけることをできたのが今回の試合だったのじゃないかなと自分の中では感じているので、それが一番よかったかなと思っています。それはたぶん、全スケーターの健康状態にも影響があると思います。4回転ルッツが本当に難しいのかと言われれば、やろうと思えばみんな跳べるかもしれないけど、それはタイプによりけりですし。それぞれのスケーターにはそれぞれの個性がある。それがやっと評価されるような採点システムになったのに、だんだん高難易度のジャンプに傾倒していって、演技構成点との比率がだんだん合わなくなってきているな、というのが現在の状況だと思っているので。

でもそこで今回は、『ジャンプでも表現できるよ』というのを見せることができたと思います。だからそこは非常によかった。特に後半の4回転トウループ+1オイラー+3回転フリップに関しても、しっかり音に合わせた状態で難しいことをやったので。そういうことに関しても、難しくてもジャンプでも表現できるというのは自分の武器だと思うし、それによって評価を得られるんだよ、というところをちょっとでも出せたんじゃないかな、という感覚はあります」

今回の得点は、昨季の世界選手権でチェンが出した、新ルール世界最高得点の323・42

点に、あと0・83点まで迫る得点だった。
「ノーミスではないので、ジャンプだけでもあと3～4点は上げられるし、まだまだ伸びしろはあります。（2017年の）世界選手権の時とは採点ルールも違っていて単純な比較はできないですけど、久しぶりにフリーで210点を超えられたというのは嬉しいですね。まだショートで110点を超えてないですけど、今のルールだと今回の構成で220点は難しいと思うので、とりあえずはショートの110点とフリーの215点を目指してやっていきたいという気持ちです」

その後行われたエキシビションでは、2014年ソチ五輪優勝時の『パリの散歩道』を滑って会場を沸かせた。
「懐かしいものをやっていきたいな、というのがちょっとずつよみがえってきているのと、今この4回転トウループ1本の構成のショートプログラムをやったら、どのくらいできるのかなという挑戦でもあります」

さらにフィナーレのジャンプ合戦では、最初に転倒した4回転サルコウに再挑戦して成功させると、すぐに1オイラーをつけ、もう一度4回転サルコウに挑戦。そのサードジャンプは片手をついたものの、着氷して明るい笑顔を弾けさせていた。

ＧＰシリーズ第2戦、11月22日から札幌で開催されたＮＨＫ杯は、２週間後にファイナルを控えた大会。スケートカナダのあとで羽生は、「２戦目は怪我をしやすいというのはもちろん頭の中に入れておかなければいけないし、ファイナルまで期間が短いからこそ慎重にやらなければいけないということもある」と話していた大会だった。

試合前日の記者会見ではこの大会へ向けて、次のように語った。

「とにかく自分は、どれくらいのジャンプの本数が必要なのか。陸上で何ができ、氷上で何ができるかということを、すごく綿密に考えています。もちろん計画通りにいくわけではないけれど、その中でも『この感触の時はこのくらいはできるな』ということを、怪我した経験を通して改めて感じているので、その経験を活かしてネガティブではなく、ポジティブなリミッターを氷上でかけて、陸上でやれることをやるというのを少しずつ増やしてきました」

そんな羽生はショートでは大きなミスもなく、１０９・34点で発進した。前戦のスケートカナダには0・26点およばない得点。「もちろん前戦のショートがあるからこそ、『まだまだできるな』という感触がすごくあります。もっと貪欲に上を目指す感じで、正直、ちょっと悔しかった」と話す。

前半の4回転サルコウとトリプルアクセルは、GOE加点が3・74点と3・89点の文句ないジャンプだった。だが次の4回転トウループは着氷でブレードが跳ねてしまい、「どんな状態でもトウループをつけるという練習をしているので、その成果が出たと思う」というように、一拍遅れながらも3回転トウループをつけて連続ジャンプにした。だがそこでリズムが崩れたか、次のフライングキャメルスピンはいつもよりスピードのない回転になった。

「トウループが悪くなった原因は自分の中ではわかっていますが、とりあえず降りられたので良しとします。及第点だったと思います。そのあとのフライングキャメルがうまくいかなかったと思っているのと、ステップシークエンスに関してももっとスピードを出せたのかなと。スピンは全般的にスピードが出せなかったなと感じていて。それが点数に反映するかどうかわからないけど、自分の手ごたえとしてはもっとできたなという感じです」

それでも演技自体はノーミスで、スピンとステップもすべてレベル4。スピードを出しきれなかった理由を、「疲れが出たということではなく、少し慎重になったかなと思う」というように、納得できないものがありながらも冷静に対応できた結果だった。

翌日のフリーで考えていたのは、冒頭の4回転ループをしっかり決めることだった。

「この『Origin』の1発目のジャンプは、去年のロステレコム杯ではサルコウにしてしっかり決めることができていますが、やはりループではうまく決めきっていないというのがずっとある。最初のループが大きな得点源だし、そこを降りてこそのプログラムだとも思うので、かなり練習をしてきました」

羽生はこの大会でも、公式練習から時間をかけて4回転ループの調整に取り組んでいた。フリー当日の公式練習では曲かけを含めて7回跳んで成功は2回のみだったが、6分間練習では途中で身体を開いて3回転にしたあとは2回続けてきれいに跳ぶと、最後に場内アナウンスで選手紹介された時にスタートのポジションから滑り出して跳んだが、パンクして1回転になってしまった。

だが、そのパンクがよかったという。

「今日の6分間練習ではアクセルやルッツはやらず、4回転ループだけに集中しようと思っていました。選手紹介の時、本当はトウループをやろうかと思っていたけど、たぶん力を使うことになるからループにしようか一瞬迷って……。僕は名前を呼ばれている時に跳ぶのが一番確率はいいし、『一発跳んでやろう』と思って緊張感も加えられるから、本番に似た感覚でいけるのでいいかなと思ってやりました。

最初の4回転ループは練習でも百発百中ではなくて、曲かけでも1発目で降りられるわけではない。だからパンクして、『曲に合わせた入り方だったら、こういう間違いも出るな』と、一回確認できたのはよかったし、何かスッキリして、ある意味肩の力が抜けた。公式練習の曲かけを含めて、本番前に緊張感のある本番の気持ちで2回やれたのがよかったかなと思います」

そう話す羽生の4回転ループは、本番では着氷後の抜けが少しだけ悪かったが、GOE加点1・65点の成功ジャンプになった。そして次の4回転サルコウも3・19点の加点がつくジャンプでいい滑り出しにし、メリハリの利いたキレのあるステップシークエンスも見せて流れを作った。

だが後半に入り、得点源の4回転トウループ＋1オイラー＋3回転フリップの予定だったトウループが2回転に止まると、少し遊び心を出した。
「今回の課題はなんと言っても最初の4回転ループと4回転サルコウをしっかり跳ぶことでした。それをクリアできたので、『ちょっとNHK杯を楽しんでいいのかな』と思って。お客さんの前で『ここまでできるんだぞ』というのをやってもいいかなと思い、『やっていい？』と確認するような気持ちでブライアンの顔を見てから、つなぎのイーグルを抜いて4回転トウループ＋3回転トウループに行きました」

こう言って笑う羽生は、予定していたトリプルアクセル＋3回転トウループを4回転＋3回転にすると、最後のトリプルアクセルからの連続ジャンプも、最後を3回転サルコウにする3連続ジャンプにした。ただ、4回転トウループからの連続ジャンプの3回転トウループが回転不足になり、連続ジャンプも2本だけになったことで、得点は195・71点。合計305・05点での優勝となった。

「本当は315～320点近くまで行けばいいかなと思っていましたが、ジャンプが1本抜けたし、回転不足も1つあったのでしょうがないですね。でも気持ちとしては、ショートがよかったからというのは特になくて、むしろショートはダメだったなと思って、けっこう引きずっていました。だから『今度こそやってやる』という気持ちと『今日のこの試合が最後じゃないぞ』という気持ちもすごくあって……。GPファイナルへ向けて、このNHK杯では最初の4回転ループを降りる。そしてそのあとの4回転サルコウも決めるというのが一番大事だと思っていました。

完璧ではなかったですが、このプログラムで2本をしっかり降りられたのは初めてだったので、やっと壁を一つ越えたかなと思いますし、やっとファイナルで戦える位置まで来たなという風に思っています。あとは日本の会場で滑るというのがどれだけ特別かというか、それこそずっと待ち望んでいたので。だからこそここで得ることができた観客の皆さんのエネルギーを、またしっかりファイナルにぶつけられたらいいなと思っています」

羽生はこの日、朝の公式練習に臨む前は不安しかなかったとも明かした。前回、2017年のNHK杯は、公式練習で怪我をして棄権した大会。さらに昨年のGPシリーズ第2戦も、ショートで満足できる結果を出しながらも、フリー当日の公式練習で重大な怪我をした。

「とにかく最後まで怪我をしないようにしたいという不安がすごく強くて、試合とはまた違った緊張感がありました。もちろんジャンプはダメだったけど、それは『怪我をしたくない』という気持ちが影響したもので、技術的には問題なかったと思います。だからあの練習が終わってからは、ある程度ホッとできました」

シーズンの初めから、ここしばらくは出場すらできていなかったGPファイナルと全日本をしっかり戦いたいと口にしていた。その通過点としてのNHK杯を、無事に終えられたことに安堵感を感じていた。

GPシリーズを連勝してファイナル進出を決めた羽生は、ここまでを振り返って「怪我なく終えたことが一番の収穫かな、と思います」と笑顔で話した。昨季まで2年間、怪我でファイナル出場を果たせなかったことが、心の中には澱のように溜まっていた。それをやっとスッキリさせられた安堵感もあった。そんなファイナルへの思いをこう語った。

「去年の怪我は事故的なもので、避けようがなかった怪我だったと思っています。その前年の怪我も、調子がよくない中で4回転ルッツをやってしまったという反省はもちろんあるんですが、やっぱりジャンプの怪我は僕らにとってはつきものなのでしょうがないなという風にも思っています。だからこそファイナルは、『行きたいのに行けない』という気持ちがすごくあって。それまで自分が4連覇していたし、『もっと連勝記録を伸ばしたい』という気持ちも強かったし、ずっとあそこに君臨していたいと思っていました。僕が出られなくなってからはネイサン選手が連覇をして、今年は3連覇を狙うまでになった。そういう状況だからこそ、タイトルを奪還したいという思いは強くあります」

昨季の世界選手権でチェンに敗れて2位だったことも、その気持ちを強くさせたという。
「あの時は演技内容自体も、ショートはよくなかったけどフリーはそこそこよかった。それでも勝てなかったんですが、それは記憶に残っても記録には残らないから意味がないと思うんです。しっかり記録に残ってナンボだと思うので、結果を残したい。そういう強い気持ちはあります」

GPシリーズフランス大会でファイナル進出を決めたチェンが、中4週というスケジュールで余裕を持って調整できているのに対し、羽生は中1週で臨まなければいけない。そんな中で最も重要になるのはコンディショニングだ。
「NHK杯から全日本までは3連戦ですが、移動が多いので時差の問題もあるし。もちろん自分は試合で出しきるタイプで、どこかで力を抜くということは絶対にない。だから、とにかくいいコンディションで臨むことが重要です。自分にとって今回のファイナルは、ネイサン・チェン選手との戦いだとしか思っていないですが、やっぱり勝ちたいし、勝つことに意味があると思っているので。

確かに今シーズンは、2戦とも点数では彼に勝っています。NHK杯も満足しきれる内容ではなかったですが、それでも勝てたので自信は持ちつつ……。ただネイサン選手もこれまでのような得点に止まっているわけではないというのもわかっているので、スケートカナダや今回以上にいいコンディションで臨めるようにしたいなと思っています」

次までの時間は短い。だがNHK杯を戦ってみて羽生は、調子のピークはファイナルに合うのではないかという気持ちになってきた。スケートカナダで満足する結果を出したことで、そこまでいい練習ができていたという確信も持て、そのあとはもっと安定していい演技ができるような基盤作りをしようと取り組んできた。その意味でも充実した練習ができたという感覚はある。NHK杯はフリーではミスも出たが、ショートも含め、一か八かではない安定した演技ができるようになったとも感じられた。さらに4回転ループをしっかり跳べて、「このプログラムでは跳べないのではないか」とも思うようになっていた壁を乗り越えられたことも自信になった。

3年ぶりのGPファイナルへの思い。そこにはこれまでの大会とは違う気持ちもあった。会場はイタリアのトリノ。2006年の五輪で、同郷の先輩の荒川静香が金メダルを獲り、自分の夢を大きく広げてくれた試合が行われた会場だ。

「トリノ五輪ではジョニー・ウィアーさんが、フリーで『Otonal』をやったと思います。本人から『あの時はむちゃくちゃになってしまって、すごく悔しかった』と言っていたのを聞いた記憶もあるけど、僕にとってウィアーさんのあの演技はすごく特別で、『この選手に憧れてよかったな』と思って見ていましたし、彼の素晴らしさを改めて感じた試合の一つでした。またエフゲニー・プルシェンコさんが初めて五輪の金メダルを獲った場所でもあります。『Otonal』と『Origin』は両方とも彼らへのリスペクトをすごく掲げているプログラムなので、その意味でもあのプログラムたちとともにいい演技をして、僕自身もそこで金メダルを獲れたらいいなと思っています」

そんな羽生は、今の自分が考えている〝羽生結弦〟としての理想像を熱く語った。

「僕の中ではずっと、9歳の時の自分と戦っているんです。初めて全日本ノービスを勝った時の、自信の塊みたいだった自分が心の中にいて……。その自分にずっと、『お前、まだまだだな』と言われているような感じがしているんです。

人間はどうしても、だんだん大人になっていくにつれて、いろんな言葉とか物事や社会ルールに縛られていく。そしてだんだん、自分のやるいろんなことなどに自分で意味づけをしていくじゃないですか。でも子供のころってそういうのが何もなく、ただやりたいことをやっていて。自分自身が心から好きだなと思うことや、自信があるということに対してもすごく素直でいられたと思います。それが今はまったくできなくなってきているけど、自分の根源にあるものは、たぶんそういうもの。本当に自分が心からやりたいものを、心から自信を持てるものを、スケートで出したい。たぶんそれが、一番強い時の自分なんですよね。それになりたいなと思って。

大人になった自分として、その小さいころの『なんでもできる』と思っていたころの自分を超えられたら、それが最終的に〝羽生結弦〟と言えるかなという風に思っています。それがたぶん、理想像なんです」

2019年NHK杯にて

2019年NHK杯、
2シーズン目のSP『Otonal』
（2点とも）

2019年NHK杯
FS『Origin』

Scene 12

残した爪痕

2019年 GPファイナル〜全日本選手権

勝利への強い思いを持って臨んだ、12月5日からのGPファイナル。羽生は試合前からアクシデントに見舞われた。一緒にトリノ入りする予定だったジスラン・ブリアンコーチが、飛行機にパスポートを置き忘れたため、入国できなかったのだ。この大会は、選手一人につき、帯同できるコーチは一人だけ。そのため、ショートプログラムはコーチ不在で戦わなければならなくなった。

その影響も少なからずあったのか、ショートでは綻びが出てしまった。

今季のGPシリーズでは2試合とも109点台を出しながら、「まだノーミスとは言えない」とさらなる完成度を追い求めていた『Otonal』の滑り出しは完璧だった。最初の4回転サルコウは、着氷後の流れもあるきれいなジャンプで、GOE加点4・16点をもらう出来にした。そして次のトリプルアクセルは、9人のジャッジ中6人が5点で他は4点をつけるジャンプ。本人も「サルコウもよかったし、アクセルはすごくよかった。すごく音楽にも乗れたし、気持ちよく滑れた」と評価する。

だが、そのあとの4回転トウループは尻が下がる着氷になってしまい、3回転トウループをつけられず、4・75点減点された。午前中の公式練習の曲かけでも前の2本をきれいに跳んだあと、4回転トウループは転倒していたが、それと同じ流れになってしまった。

それでもそのあとはしっかりレベルを取り、気持ちを込めた滑りをしてまとめ、97・43点を獲得。ただ、2人前に滑り、公式練習の曲かけと同じようなノーミスの滑りで110・38点を出していたネイサン・チェンには、12・95点差をつけられ、2位発進になってしまった。

「ネイサン選手の得点は頭に入っていました。もちろん意識はしていましたが、ちゃんとやれば超えられる可能性はあると思っていました。ちゃんとやろうというか、きれいな演技をすればいいと思い、わりと開き直れていました。トウループは悪くなかったと思うけど、力が入りすぎたかなと思っています。でも何か、ミスの仕方としてはあまりないパターンでしたし、何がなんでも降りようと思っていたんですけど、しょうがないですね。本番で力を出しきれなかったということです」

会場入りしてからの羽生は、ここ数試合見せていたような、氷のコンディションに苦しむ気配は見せていなかった。前日の公式練習のあとも「すごく感触がよく、すごく好きだなと思って滑っていた」と話していた。そんな状況だったからこそ、無念さもあった。

「悔しさはすごくあるけど、悔しいと言ってもしょうがないですから……。滑り終わった時は反省というよりも、まずはフリーをどのようにこなしていくかということを考えていました。トウループは失敗したけど、トウ系のジャンプは悪くない。この点差はすごく大きい点差だと思うし、このあとは自分の演技だけで決まるような結果ではないので。自分の結果を獲りにいくためにも、今、何をすべきか、何ができるかということを考えなければいけないと思います。とにかく、明後日に向けて、これからの1分1秒をどうやって過ごしていくかということをいろいろ計算しながら、計画を立てながら、抜くとこは抜いて入れるところは入れて、というのをしっかりやっていかなければと思います」

フリーでの勝負に向け、様々な計算をしていくと話していた羽生。翌日の公式練習にもコーチの姿が見えない中、曲かけでは4回転ループのあとに4回転ルッツを入れて、最後のジャンプをトリプルアクセル＋トリプルアクセルにする、勝負をかけた構成を滑った。そしてその後、トリプルアクセルを2本跳んでからアクセルの入りを入念に確かめると、4回転アクセルにも挑戦し始めたのだ。

その挑戦は、パンク2回で転倒3回という結果。会場をあとにする羽生は、「4回転アクセルの練習をしただけです。5本挑戦しました」とだけ口にした。

7日のフリー。フリップとルッツを含む4種類5本の4回転を入れた構成を用意してきたチェンに対し、羽生は公式練習でも見せた、ルッツを入れた4種類5本の4回転に加え、基礎点が1・1倍になるラスト3本のジャンプを、4回転からの3連続と、4回転＋3回転の連続ジャンプにしたうえで、最後はトリプルアクセル＋トリプルアクセルという構成を用意した。最後に難度が極めて高い連続ジャンプを3本揃えるのは、彼にしかできないもの。4回転ルッツは公式練習初日から、1日1本は成功していて、流れのあるジャンプを確実に決めていた。自分が今できる、可能性を最大限まで追求した構成のプログラムだった。

試合時刻が午後早めだったため、フリー当日の公式練習は早朝7時から。そこでは4回転ルッツに不安を見せていたが、試合直前の6分間練習ではきっちりと決めて不安を払拭していた。そして本番直前も、名前をコールされる前には4回転ループを跳んでからルッツの入りまでを確認すると、そのあとも2回ルッツの入りを確認。最初の2本のジャンプに集中している様子を見せた。

その本番、羽生はＮＨＫ杯で降りて自信をつけていた4回転ループを加点4・05点をもらうきれいなジャンプにすると、次の4回転ルッツも冷静に余裕を持って跳んで、3・94点の加点をもらった。そしてコンビネーションスピンを丁寧にこなすと、ステップは少し抑え気味の滑りでレベル3にし、後半の4回転サルコウへ滑らかにつないだ。

だが、そこから疲労が出てしまった。4回転トウループ＋1オイラー＋3回転フリップの最後の着氷を乱してステップアウトすると、次の4回転トウループ＋3回転トウループは4回転＋2回転に。そして最後のトリプルアクセルはパンクしてシングルとなり、連続ジャンプにできずに終わった。

ショートが終わってすぐに、フリーはここまで封印していた4回転5本の構成にすることを考えた。「それでもたぶん勝てないだろうなとは思ったけど、ここで何かを成し遂げたいと思った」という。結果は合計291・43点で、4回転5本の構成をノーミスで滑ったチェンに43・87点差をつけられる2位に終わった。だがその表情はさっぱりしていた。

「まあ、こんなものだろうとは思っていました。ルッツを跳べているし、ループも跳べていて、後半にも4回転が3本入っているので、見ていれば印象は強いけど、実際には点数が取れているジャンプは少ないと思います。でもかなり実りのある試合はできましたし、こうやって挑戦しきるということは、ネイサン選手があいう演技をしてくれなければできなかったことだし。

そういう意味でも成長できた試合でした。ショートのミスがあったからこそ、今回のフリーに挑戦できたと思います。いろいろ考えることはあったし、必要なものも見えてきている。世界選手権の時は『敵わないな』と思って、『もっと強くならなきゃ』みたいな感じで笑えたんですけど、今回は何か、勝負には負けたのですが、自分の中の勝負にはある程度勝てたと思うので。

後半は疲れが出たけど、これからはこの構成が必要になってくると思うし、たぶんこれをベースにしていくと思います。だからこの試合でこうやってできたのは、試合がトレーニングだとは言いたくないけど、結果としてはいいトレーニングになっているかなと思っています。その意味でもこの試合で、また一歩強くなれたんじゃないかなと思います」

そのフリーの戦いから一夜明けた8日、羽生は前日の演技を振り返ってこう話した。

「正直、いろんな気持ちはあります。4回転5本のあの構成は、できればやりたくなかったけど、一応練習しておいてよかったなと思いますし。ただ、通しでは1回くらいしかやったことはなかったたし、トリプルアクセル＋トリプルアクセルや4回転トウループ＋1オイラー＋3回転フリップをやるつもりはまったくなかったんですけど、練習で一応ノーミスをしていたから頑張れると思って。でも試合になるとやっぱり大変でしたね（笑）。

4回転ループと4回転ルッツが跳べるようになったというのはすごく大きな一歩だったけど、自分としては、試合はジャンプ大会ではないので、もっとつなぎの部分だったり音楽であったり、表現だったりを感じながらスケートをしないといけない。（その齟齬が）何か、『腑に落ちないな』と考えながら昨日の夜を過ごしていました」

こう話すと、中日の公式練習で4回転アクセルに挑戦した理由も明かした。

「本当に正直な気持ちを言ってしまうと、ショートが終わったあとにわりと絶望していて。4回転サルコウと4回転トウループのコンビネーション構成の『Otonal』の、あまりのハマらなさを『なんでだろう』とずっと考えていたんです。それに13点差というのは、4回転を

1本増やしたからといって縮まるものではないというのはすごくわかっていたし、ネイサン選手も4回転を5本跳んでくるのはわかっていた。それに彼はそんなプレッシャーでは絶対に潰れないという強さも感じていたので、やっぱり（逆転は）難しいだろうなとは思っていました。

だからこそ、ここで何か爪痕を残したいなという気持ちになって、いろいろ考えていたんです。『なんで今回はフリーの日までコーチが来られなかったんだろうか』とか、『なんでショートであんなミスをしたんだろう』とか……。自分はそういう運命主義者ではないけど、そこに何か意味があるんじゃないかと考えて。だとしたら、ストッパーとなるコーチがいない今だからこそ、自分で決められる今だからこそ、やってもいいんじゃないかなと思い、公式練習で4回転アクセルをやることを決めたんです」

4回転アクセルの練習は、スケートカナダのあと1〜2回やっただけで、ここ1か月以上はやっていなかった。結果として跳べなかったが、羽生自身、覚悟を決めての挑戦だった。

「4回転アクセルの練習をすること自体、毎回そうだけど、いろんな覚悟を決めていて。回転が足りきっていないジャンプの方が多いから、いつどこかを痛めてもおかしくないし、着氷で転倒するというリスクもありますし。あと試合の公式練習だからこそ気合いが入りすぎて、いつもより浮くだろうから、そうなれば前の怪我と同じような大きな怪我をしてしまうリスクもある。

そういう意味でもすごく怖いなというのはあり、最後はほぼ、『試合を捨ててもいい』というような覚悟で行っていました。ここで無理をして力を出しきっていたら、フリーは最後まで体力が持たないのはわかっていた。調整にあてなくてはいけない時間のはずなのに、ショートでも跳べなかったくせに、そこでやるということは、試合を捨てるという言い方はふさわしくないかもしれないけれど、試合ごと4回転アクセルの練習に懸けるくらいの気持ちでやらなくてはいけないという覚悟はありました」

フリーの前に、ブリアンコーチがトリノに到着したと聞いた時はすごく安堵したという羽生は、もしコーチが帯同していたら、公式練習で4回転アクセルを跳ぶという判断はなかっただろうと断言する。

「何が大事なんだという話になった時には、絶対に試合の方が大事です。それは自分でもわかっていました。でもこの絶望的な状況で、『ここで何かを残さなければいけない』という使命感がすごくあったんです。ここは一生に一度しかないところですし、僕自身ここで行われた五輪がきっかけでいろんなことに向かってスケートができた、憧れの地でもある。NHK杯の時に話した、自分の理想でもある自信の塊のようだった9歳のころの自分が見た時に、胸を張って、自分はここで何をやったかと言えるようなものを残したかった。

たぶん、試合であのフリーの構成をノーミスでできるのは不可能に近かったから。それだけに懸けても勝てないのだったら、ここで自分のやるべきことをやろうと。自分がやるべきことは4回転ルッツをしっかり跳ぶことだし、4回転アクセルを完成させたいという強い気持ちを見せることでした」

コーチが来てくれた安心感とともに、これまでと違って「ノーミスでなくてもいいんだ」という思いもあって、吹っ切れた気持ちで臨んだフリー。結果はチェンに43・87点差をつけられた。だが羽生はその点数差ほどには差は感じないと話した。

「得点源であるトリプルアクセルが1本も入っていなかったし、今の採点法では細かいミスが続けば続くほど点差はどんどん開いていくんです。ループとルッツはかなりいい加点をもらっていましたが、あとはきれいに降りただけという感じも持っているので。（ミスなくやれた場合を考えると）思ったよりも差は感じていません」

それより気になったのは、ジャンプだけに集中する滑りになってしまったことだ。

「もちろん皆さんが見てくれる時にはいろんな背景があるから。すごく感動したと言ってくださる方もいたし、応援してくださった方もいたと思います。そんな応援の気持ちを感じたからこそ、最後のポーズまでなんとか力を絞りきれた。それがよかった、それが作品だったという風にも言ってもらえるものになったとも思います。

ただ、今回の自分の演技はひたすらジャンプ大会みたいな感じがあって、それが競技としてどうなのかという話になったら、『それはフィギュアスケートでなくてもできてしまうのでは』という気持ちはあるんです。自分にとっては『4回転アクセルは王様のジャンプだ』という思いがあるから、それをやったうえで、ジャンプだけではなく、フィギュアスケーターとしてちゃんと完成されたものにしたいという気持ちがあります。

ただ前提として、（その両立が）難しいことは自分でもわかっています。試合で難しい構成をコンスタントにできるようになるためには相当な努力をしなければいけないし、ネイサン選手もたどってきた大変な道だと思います。だから僕もその道を、少しでも最短距離でたどりつけるように練習していかなければいけないと思っています」

悔しさが残る結果だったが、羽生にとっては、さらなる意欲と、進化への強い気持ちを得ることができた大会になった。

ＧＰファイナルから中1週で臨む、4年ぶりの全日本選手権。男子ショートが12月20日だったこともあり、羽生は18日の公式練習には参加せず、その日の夕方に帰国した。翌19日の昼の公式練習は参加したが、身体の動きは悪く、見るからに疲労が溜まっている様子だった。

それでもショートではノーミスの演技を見せた。「なかなか曲にハマらない」と悩んでいた4回転トウループ＋3回転トウループを2番目のジャンプに持ってきた新しい構成で110・72点を獲得。2位の宇野昌磨に5・01点差をつける1位の発進をした。

「はっきり言って、ファイナルのあとは調整もできていないです。こっちに来た最初の公式練習でもわかったと思いますが、よくあそこまで戻ってきたなという感覚でもあったので。4回転ループはほとんど跳べなかったので、フリーに向けての不安はもちろんありますけど、とにかく一歩ずつ。少しずつでもトレーニングをしながら、休みながら、ということを常に心がけてやってきました」

自分の状況をこう説明した羽生は、GPファイナル後の心境を「スケートに気持ちが向かないということはなかったが、ただ、わりとへこんでいた」と苦笑しながら明かした。

「ファイナルのフリーに関しては『ある程度はやったな』と思っているんですけど、思ったより身体や心の消耗も激しかった。やっぱりあの構成を滑りきれていないので消耗も激しくて、『またすぐ試合か』というような感覚でいました。実際にこうやって日本で練習する時とか、ファイナルでもらった応援メッセージなどを見ながら、何か『(自分)一人のスケートじゃないな』と思ったし。なんとかそこで力をもらって、自分の力をつないできた感じです」

演技を振り返り、「とりあえず一歩ずつ進んでいるかなという感じはします。この『Otonal』自体、自分の中では過去を振り返りつつ、今から未来へ一歩踏み出すみたいなイメージでやっていたので。そういうイメージの中で、自分として一つになれたかな、という感覚です」と話し、構成を変えた理由をこう説明した。

「トウループに不安があるというのではなく、あの曲でのトウループに不安があるという感じです。はっきり言ってしまえば、フリーの後半のトウループの方が簡単だなと思いながらやっていました。だったら基礎点的には0・57点くらい低くなるけど、その分をGOEでジャンプの出来栄えを良くすればいい。そうすればプログラム自体がもっと映えるかなと思ったので、そうしました」

疲労が蓄積されている中での試合。羽生は6分間練習にも気を遣い、エネルギー消費を抑えた。

構成の変更が「出来栄えを意識してGOE加点を稼ぎたい」というものだったこともあり、「自分の中では失敗するという意識がなかった」という演技。最初の4回転サルコウは4・30点の加点で、次の4回転トウループ+3回転トウループでは4・34点。「自分ではミスだと思っている」というトリプルアクセルは着氷で足が少しぶれてしまって2・63点の加点に止まったが、その後のスピンとステップはすべてレベル4にして加点を稼いだ。

「この曲で自分がこれまでアクセルの音として跳んでいたところは、やっぱりエッジ系のジャンプで軽やかな跳び方をしなければいけないというのを表現的にすごく思っていたところです。だから今回は、どうやってより軽くトウループを跳ぶかを考えました。『Origin』

の後半のような力強いトウループではなく、より軽い流れのあるトウループにするためにトウの突き方も意識して。そういう面では挑戦だったと思います。

ショートを完璧にやってナンボというのはソチ五輪のころから重々感じているので。でもここしばらくはショートの後半も含めて完璧な感覚がなさすぎるなというのがあったので、この試合でその完璧な感覚をつかみたいな、ということが狙いではありました」

高難度のジャンプを跳んだとしても、ただ跳ぶだけではなく、ジャンプ自体が表現の中に組み込まれたものにしてプログラムを完成させたい。そんな羽生のこだわりを見せる演技だった。

だがその2日後のフリーは、溜まりきっていた疲労が一気に噴き出してしまうような結果になってしまった。

6分間練習では4回転ループと4回転サルコウを2本ずつ跳び、パンクして2回転になったトウループのみと、ジャンプの本数を抑えていた。

「6分間練習まではよかったし、感覚がそんなに悪かったわけではないので。何か、自分の精神状態と肉体状態と、イメージが全部バラバラに乖離していた感じです。心を決めてここに来たのですが、それでこのザマなので、悔しさしかないし、言葉が見つかりません」

こう話す演技は、4回転ループの着氷がステップアウトになり、1・80点減点されるスタートになった。次の4回転サルコウはしっかり決め、フライングコンビネーションスピンとステップで勢いを取り戻したかに見えた。だが3回転ルッツが2回転になる、思わぬミスが出た。

「ルッツを失敗した時はびっくりして、『あれっ』と思って。本当に感覚と身体が乖離していて……。それから頭も使いました。どこかで3回転を増やせないかなと考えたり、どこかでより高い点数を稼ごうかなと考えたり。やれることは限られていたけど、それでも食らいついてやろうと思っていました。でも、やろうとしてできなかったということです」

次の4回転トウループは着氷を乱して2・44点減点されると、4回転トウループからの3連続ジャンプは最後の3回転フリップの着氷でよろけた。さらにトリプルアクセル＋3回転トウループも着氷を乱し、最後のトリプルアクセルは転倒して連続ジャンプにできなかった。得点源にしている最後3本のジャンプはすべて回転不足の判定で、フリーの得点は全体の3位で合計は282・77点。目指していた4年ぶり5回目の優勝には届かず、宇野昌磨に7・

80点およばない2位に止まった。

「弱いな、と思いました、本当に弱っちいなって……。ループもトウループも跳べないようじゃ話にならないし、アクセルも跳べないようじゃ本当に話にならない。『悔しい』しかないです。できなかったものはしょうがないので、また練習しなきゃいけないと思っています」

開口一番そう話した羽生は、身体の状態について振り返った。

「調整はうまくいかなかったですね、ずっと。何か、自分の身体が日に日にどんどん劣化していく感じはあって。ショートの時からずっと変だなと思っていました。それでも僕は恵まれているので、本当にいろんな人に支えてもらい、身体の状態も今できる最高の状態にしてもらった。そのうえでのこの結果なので、正直言って僕の実力と技術が足りなかったという感じです。それでも死力は尽くしたと思います」

NHK杯から全日本までの1か月間で羽生は、カナダ－日本－カナダ－イタリア－カナダ－日本と、地球を何周もするような長距離の移動をすることになった。移動と時差をともなう連戦で、羽生の身体は疲労困憊だった。時差を回復するには通常2週間かかると言われている。

羽生は「今もまだ感覚と行動が乖離している感じで、自分の言動がどうなっているかは、はっきり言って全然わからないんです」と苦笑し、こう続けた。

「何か、イメージと自分の身体のキレみたいなものが今回は分離していて。体力があるうち……例えばショートだったらなんとかなったかもしれないけど、どうしようもないところが出てしまったなと思います。でもはっきり言って、競泳選手は一つの大会で何種目もやっているわけだし。内容は違うかもしれないけど、そういうのと比べると僕は5週間で3試合しかやっていない。それでこのくらいの体力しかないのかと思うと、自分は力を使ってジャンプを跳んでいるんだなというのと、もっと力を抜いて自分らしいジャンプが跳べるようにしなければいけないんだなと、今は考え始めました。でも諦めてはいなかったし、本当に最後まで死に物狂いでやった。そうじゃないと3回転フリップ（を入れた3連続ジャンプ）はやらないです」

羽生が欠場した全日本で勝ち続け、今大会で4連覇を達成した宇野は、シーズン当初はコーチ不在の中で苦しんでいた。その苦しさを前戦のGPファイナルで経験している羽生は、宇野の勝利を賞賛する言葉も口にした。

「昌磨がつらそうにしているのは見ていてずっと感じていたから、それがやっと落ち着いてスケートに集中できているなと思うと、やっぱり嬉しいですね。コーチと離れるという決断をするのはすごく勇気がいることだと思います。僕は素直に、彼がまた自分の道を見つけて、彼らしいスケートができていることがすごく嬉しい。これまでの3年間は僕が全日本に出ていなかったけど、たぶん今回の結果で昌磨も胸を張って、全日本王者だと言えるという気持ちになっていると思います。彼は平昌五輪の銀メダルも自分の予想以上の結果だったと言っていましたが、そんないろんなものを含めた昌磨の強さの結果だと思うので。僕もしんどいことはたくさんあるけど、『こんなもんじゃねえぞ』って、これから頑張りたいと思います」

悔しすぎる3連戦の結果がまた、羽生の心を燃え立たせていた。

2019年トリノで開催された
GPファイナルの公式練習で
4回転アクセルに挑む

2019年GPファイナル
FS『Origin』（2点とも）

2019年12月、トリノで25歳を迎える。
GPファイナルEX『ノッテ・ステラータ』

Scene 13

スーパースラム達成

2020年 四大陸選手権

年が明けて、2020年2月の四大陸選手権。全日本選手権後の代表記者会見で羽生は、「全力で向かってタイトルを獲りたいと強く思っている大会。試合に出ることでいろんなことを経験し、吸収して強くなっていけると思う。あの大会は僕にとって一つの壁になっていますが、そこにネイサン選手が出るかもしれないし、今回負けた昌磨という壁もあるので、ベストコンディションで思い切りぶつかりたいなと思います」と意欲を見せた。

その舞台は、ジュニア時代から様々なタイトルを獲得し続けている羽生にとって、ジュニアとシニアの主要6大会のタイトルを獲得することで到達する、男子初のスーパースラムを実現できる大切な大会でもあった。

その試合へ向け、羽生は異例の決断をした。12月の全日本選手権まで滑っていたショートの『Otonal』とフリーの『Origin』を変更。2015年のGPシリーズで世界歴代最高得点を連発し、２０１８年平昌五輪で男子史上4人目の五輪連覇を果たした『バラード第1番』と『SEIMEI』にプログラムを戻したのだ。

キレのある動きで滑り、曲かけもノーミスで通した5日の公式練習のあと、羽生は「平昌五輪以来、『バラード第1番』を通すことを初めて皆さんの前でやったので、すごく緊張したとともに、改めてこのプログラムを滑るという感覚にさせられました」と笑みを浮かべながら話し、プログラム変更の理由を説明した。

「まずはGPファイナル、全日本とあって……。難易度を上げるというのは自分自身楽しいですし、それを達成できた時の喜びは計り知れないものがあります。でも、自分が目指しているスケートというのは、ただ難しいことをするスケートじゃないなと思ったんです。『Origin』や『Otonal』をやっていてもそうなんですけど、自分の呼吸じゃないなと思って……」

まず技術的なことに関して言えば、やっぱり高難易度のものを入れれば入れるほど、スケートの部分がおろそかになってしまったり、曲を頭の中から一回外してジャンプをセットしにいかなければいけないというのが嫌だった。それに耐えきれなかったというのが大きいですね。

また音楽に関して言えば、あの曲を選択したのは五輪が終わったあとだったので、自分自身がすごくフワフワした気持ちでいましたし、何か、ジョニー・ウィアーさんとプルシェンコさんの背中を追いかける少年のままでいたような感じがします。確かに全日本の『Otonal』はよかったと思うし、スケートカナダの『Origin』もよかったと思うんですけど、やっぱり自分の演技として完成できないな、という風に思ってしまいました。

あまりに理想が高いがゆえに……その理想がたぶん、僕ではなくてプルシェンコさんだったりジョニーさんの背中だったと思うんです。だからそう考えた時に、僕のスケートじゃないのかなと思って。全日本のあとのメダリスト・オン・アイスで『SEIMEI』をやった時に、改めてそう思いました。滑っている時に何か、カバー曲とオリジナル曲じゃないけど、そのくらいの違いを自分の中ですごく感じて。

『バラード第1番』も『SEIMEI』も、本当はもう伝説として語り継がれるような記録を持ってしまっている子たちなので、できれば眠らせておいてあげたかったんですけど……。でも、メダリスト・オン・アイスの時は、悔しい結果になった精神状態だったからかもしれないですが、ものすごく自分でいられるなと思って。それでもう少し、この子たちの力を借りてもいいのかなと思いました」

平昌五輪後の「4回転アクセルを跳びたい」という気持ちは今もそのままあり、ここまでの1か月間の中でも練習はやっていて、形も良くなってきているという。だが、今季はつらいことや迷いが多々あった。「その中でどちらかというと、フィギュアスケートをやりたいなと思って。強くなりたいとか勝ちたいではなく。自分のフィギュアスケートをやりたいという気持ちになりました」と、正直な今の心境を明かした。

2月7日の四大陸選手権ショートプログラム。2018年2月の平昌五輪以来2年ぶりの『バラード第1番』は、あのころとはまた違う雰囲気を見せる、素晴らしい演技だった。最初の4回転サルコウはこの日昼の公式練習の曲かけでは転倒し、直前の6分間練習でも一度パンクしていた。だが、本番ではそれをきれいに決めた。

「やっぱり本番になったらたぶん、音と跳べるフォームを一緒に記憶しているんだなという風に思って。とにかく自分としては、曲もプログラムも信じて跳んだというのが大きいと思います」

「長年付き合ってきたジャンプだからこそ、自分の身体が覚えていると信じていた」と話していたのは、平昌五輪のショートだった。だが今回はプログラム自体も信じていた。

「平昌と今回は少し違いますね。平昌の方がもっと点数を狙っていたかもしれない。やっぱり後半に4回転＋3回転があるので、スピンはちょっと回転速度を遅くしたりして、目が回りすぎないようにとかいろいろコントロールしていました。だけど今回は後半がトリプルアクセルだけなので、思い切って全部をできているというか。これはアイスショーではできないですし、やっぱり競技用のプログラムとして競技をやっている中で、これをできるというのが本当に幸せだなと思います」

連続ジャンプを基礎点が1・1倍の後半に入れなかった意図はこう説明する。

「今回のショートで前半に4回転を2本入れたのは、それが一番、自分の表現しきれるプログラムであるし、今のこのGOEの点数幅が増えたという状況では、一番点数を安定して取れるんじゃないかなということもあって、この構成にしました。でも正直に言ってしまうと、点数はどうでもいいなと思っていて。何より自分が、このプログラムで何を表現したいか。どういう風に曲を感じたいかということを一番大事にして、この構成を選びました」

そんな思いは演技のすべてからにじみ出ているようだった。

静かな曲の流れの中で跳んだ最初の4回転サルコウは4・43点の加点で、音が高まった中で力強さも見せながら跳んだ4回転トウループ＋3回転トウループは4・21点。そして静かな音の中でフワッと跳んだトリプルアクセルは3・77点の加点。ジャッジ9人の評価は5点と4点がズラッと並んだ。そしてチェンジフットシットスピンもめまぐるしく手の置き方を変えて、表現力を存分に発揮する。

「こんなに気持ちよく滑れたのは久しぶりです。本当にこれまでの『バラード第1番』の中でも、一番よかったんじゃないかと自分の中では思っています」と話すように、これまで以上に静かなピアノの音に敏感に反応し、そのままジャンプや滑りで音を表現する。そして曲調が高まった中ではそれに自分の感情をピタリと乗せきる圧巻の滑り。得点は新ルールになって世界最高の111・82点で、2位に15・99点差をつける1位発進となった。

「やっぱり『Otonal』をやったからこそ、表現の仕方や深みも出せたと思いますし、何より曲をすごく感じながらもクオリティの高いジャンプを跳べたということは、『このプログラムならではかな』と感じています。本当に今シーズンは、サルコウもトウループもアクセルもそうなんですが、以前と違う入り方をしている。でもやっぱり、表現するという点ではうまくやりきれなかったというところがあったのですが、やっと自分らしいジャンプを本番で跳べたなと思っています」

演技中は、久しぶりに何も考えずにやれた。最近は「これをこうやって跳ぶ」というようなイメージをしてやっていることが多かったが、今回は最初から最後まで気持ちのままに、「スケートが行きたい方向に滑らせることができた」という感覚が強かった。

「一番よかったと思うのは、ジャンプとかスピンとかステップとか、『何回回って』とか、『ここに注意して』というのが全然なかったこと。自分の中ではもうなんの雑音もなく滑りきれたし、一つの気持ちの流れみたいなものを、最後の音が終わって自分が手を下ろすまでシームレスにつなげられたというのが、一番心地よかったという気持ちでいます」

『バラード第1番』を滑り、「やっと自分にストンと戻ってきた気がする」と話す羽生は、その感覚を「今まで数えきれないほど滑っているプログラムですが、自分の中ではワインやチーズみたいなものだと思う」と表現した。

「今までこういうフィギュアスケートの形はあまりなかったかもしれないけど、何か滑れば滑るほど、時間をかければかけるほど熟成していって、いろんな深みが出てくるプログラムだなと思っています。それが自分らしいというか、心から曲に乗せてジャンプをしたり、ステップをしたりということができる、一番の理由かなと思います」

経験値の違いから来る、音の感じ方や間の取り方。どういう風に表現していくかという思考。自分にとっても見ている人たちにとっても強烈な印象が残っているプログラムだが、それをやってみて初めて「やっぱり違うものだな」と感じたという。だからこそフリーの『SEIMEI』も、これまでとは違うものになるはずだと期待を込めていた。

9日のフリーで羽生は、経験値より可能性を選んで冒頭のジャンプを4回転ルッツにした。「やっている年数はルッツとループは違うし、経験値の差はあまりにも大きいので、そこを埋めていかなければいけないと思いますが、身体が動けばある程度は跳べるジャンプだと思っています」

基礎点が1・1倍になる最後3本のジャンプも、これまでの4回転トウループからの3連続ジャンプとトリプルアクセルからの連続ジャンプ2本から、4回転トウループを2本とトリプルアクセル1本の連続ジャンプにした構成にして臨んだ。

だが、演技直前にちょっとしたアクシデントもあった。リンクに上がると、フェンス際の氷に穴が開いているのを見つけ、審判にアピールしたのだ。

「リンクに入った時にコンクリートが見えているのに気がついて、どうしようかなと一瞬考えてからレフリーのところに行って伝えました。何も考えずにレフリーのところへ行けばよかったけど、そういうちょっと気が散った状態で演技に入ってしまったかな、というのが残念です。自分の中でルッツに集中しようという気持ちだけになって入れていれば、また違う形になったと思います」


そんな状態で臨んだ最初の4回転ルッツは、尻が下がって手をつく着氷になり、3・78点の減点となった。それでも続く4回転サルコウとトリプルアクセルはきっちり決めて立て直したかに見えた。だがステップを終えて後半に入ってから崩れてしまった。

「最初の出来事もいい経験になりましたし、これだけ崩されるような状態になったとしても、ルッツはあそこまで行けるんだよという感触にはなったので、収穫もあると思います。ただ後半に関しては、『そこで集中しなきゃ』というのもあったし、頭を使ったというのはあります。体力より頭かなと思います」

こう話す羽生は次の4回転トウループの着氷を乱しながらも、なんとかオイラーと3回転サルコウをつけて3連続ジャンプにしたが、そこでリズムが狂ったのか、次の4回転トウループは回転不足で転倒。最後のトリプルアクセルには予定の2回転ではなく3回転トウループをつけて、得点は187・60点。合計を299・42点にして勝ちきったが、ショートのような納得の結果ではなかった。

それでも、四大陸選手権初制覇でスーパースラムを達成した羽生は、苦笑いを浮かべながらこう語った。

「この大会は16歳の時にいい演技をして銀メダルで、それからなかなか勝てないなと思いながらやっていたので、やっと獲れてよかったなと思います。とりあえず今回はフリーのことは忘れて……(笑)。ショートがよかったうえでのスーパースラムだと思うので、総合的には『とりあえずよかったな』というところですね。本当は、世界選手権や五輪が一番最後に獲るべきものだったかもしれないけど、今シーズンはスケートカナダ未勝利の呪縛が解けた。昨シーズンもGPシリーズ第1戦未勝利の呪縛だとか、そういうものを少しずつ晴らしていけているので、そういった意味でもホッとしています」

この大会、羽生は自分のプログラムを「この子たち」と表現するようになった。そう口にするようになった心の内はどんなものなのか。

「それぞれのプログラムに、それぞれの過程があって……。特に『SEIMEI』からですが、自分で曲を選んで、編集にも携わって。『ここでこうしたい、ああしたい』というのをすごく膨らませながらプログラムを作りました。やっぱりそれ以降の子たちはすごく思い入れが深いというか、自分が表現したいものがまだ何かしら残っているなという感じはしています。ただ『バラード第1番』に関しては、振付けのジェフもそうだと言っているけど、曲を聞いた時に表現したいことがいろいろ見えて。それで自分の『表現したい』と思うものと、ジェフが『表現させたい』と思うものが合致していたので、それをやっと表現しきれるようになったというところで、『羽生結弦が表現したい』ことが詰まっている『バラード第1番』になったと思います。だから余計に親近感はあります。それに加えて今回の演技には、しばらくやらなかった期間があったからこその、〝熟成〟みたいなものがあったと思います」

その〝熟成〟の成果を、『バラード第1番』では存分に見せることができた。同じく、より熟成させたいと考えていた『SEIMEI』は練習をしていて、前に演じた時よりも感情が緩やかになっているのを感じていたと話す。

「以前は何か殺伐としていて、結界を張り、何かと戦って跳ね返す、みたいなところがあったと思います。それが何か、もうちょっと尖っていないというか、『いろいろ達観したうえでやってるな』というのがあって。それはある意味、ちょっと『陰陽師』という映画の中の安倍晴明に近づいてきたかな、という感じはしなくはないですね。ただ、それをジャンプ込みで表現しきれるかというのは別な話なので。その点では今回は、まだ技術不足だったと思います」

今回は『SEIMEI』を完璧な演技として見せることができなかったが、『Otonal』と『Origin』を1年半も諦めずに追いかけ続けてきたからこその、今の『バラード第1番』と『SEIMEI』であり、それをしっかり形にしたいという思いは強くなった。

「フィギュアスケートでは毎年新しいプログラムをやったり、長くても2年で変えるじゃないですか。でも本当にそれが真理なのかなと、自分の中では思っているんです。例えば伝統芸能、『SEIMEI』は特にその要素も入っていると思いますが、語り継がれるものというのは何回も何回もやっている。バレエやオペラはそうだし。自分も（フィギュアスケートが）そういう道に行ってもいいのではないかと思うし、その方がもっと極められるものもあると思うんです。

ただ、同じものをやるというのは、ものすごく怖さもあります。評価の対象が自分で、しかも自分が最高の状態でやった演技だから。それと比べられると考えるとすごく怖いけど、もっと上に行けるようにと常に考えなければいけない。それもまた一つの形ではないかと思います」

そう話す羽生は、約1か月後の世界選手権へ向けて、今やろうとしていることを突き詰める形で臨みたいと話した。

「フリーに関しては点数を出しきれてはいないですが、方向性は間違っていないと思うし、自分もこの方向性でスケートをしたいと思えるので。それが試合で評価されないというのであれば、もうしょうがないと割り切るしかないかなと思います。ルールに関しては自分で変えられるものではないので。その演技をジャッジの方々が見た時とか、観客の方々が見た時に劣っていると思われるのであれば、それが自分の実力だと思うので。劣っていると思われないようなスケートに、今回の『バラード第1番』のようにしたいというのが、『SEIMEI』の一番の目標です」

そしてその先のゴールも、明確になっていると明言する。

「やっぱり4回転アクセルを入れて、今回の『バラード第1番』みたいな状態をフリーでも作りたい、というのが自分の中では一番です。だからそれを目指していきたいなと。でもそれは高難易度という意味の4回転アクセルではなく、自分のプライドとしての4回転アクセルです。高難易度ということだけにこだわっているのではなく、ある程度自分のギリギリの線まで、ギリギリの難易度のところまで目指して、そのうえで今回の『バラード第1番』のような、ジャンプもスピンもステップも溶け合って一つの表現の世界として成立するような、シームレスなものを作りたいんです」

4回転アクセルの投入は、世界選手権までには無理かもしれないが、トライはしてみたいと羽生は語る。勝ちたいと思う気持ちと、自分のやりたいフィギュアスケートは何なのかという狭間の中で迷い、苦しんだ時期はあった。だが、この大会のショートで自分の思いを結実させたことで、迷いや苦しみを払拭した。

様々な試行錯誤をしながら自分の目指すスケートについて突き詰めた19‐20シーズン。試合後の言葉の中にも端々に気持ちの揺れをにじみ出させていた。そのシーズンを改めて2023年の今、本人に振り返ってもらった。

――19～20年はスケートカナダなどでも気持ちの揺れを感じましたが、どんなことを考えたシーズンでしたか。

「オータムクラシックのフリーは大きなミスがあったとは感じることがない演技でしたが、200点を超えることがなくて……。正直あのあたりから、キス&クライがすごく怖くなったなというイメージはありました。オータムでは『自分が進化してきているのに、なぜうまく点数に反映されないのだろう』と感じて。それでも、『これはオータムだからだ。もしかしたらGPとかの大きな試合になれば大丈夫じゃないか』などとも考えていて。それで実際、カナダでは自分の手ごたえと同じような評価の点数をいただいたし、何よりあの大会は初優勝だったので、喜びもすごく感じて充実した試合でした。

でも実際、19‐20年シーズンはGPファイナルも含めてすごくいろんなことも考えました。自分の中ではファイナルと全日本は苦しくて。すごくすごく苦しみながら、でも自分は確実にうまくなっているし、技術的にも高いことができるようになっているし。『前に進んでいくんだ。強くなっていくんだ』というのをすごく感じながら戦っていた年でした。でも、全日本のあとのメダリスト・オン・アイスで『SEIMEI』をやった時に、そんなにジャンプにこだわる必要があるのかなと感じたんです。演技内容的にも、ジャンプとスピン、ステップの調和的にも『すごく僕らしいな』と思えて。そこから自分のフィギュアスケートの良さって何だろうということや、自分が目指したいフィギュアスケートって何なのだろう、ということを考えながら滑るようになったと思います」

――苦しい大会だったというファイナルでは、ショートでネイサン選手に大差をつけられたあと、公式練習で4回転アクセルに挑戦し、フリーでは4回転5本の究極の構成にも挑戦しましたが、そこで得たものは何でしたか。

「その前のシーズンの2019年世界選手権で勝てなかった時に悔しくて、闘争心がすごく強く湧いてきていたんです。平昌五輪まではハビエルという大きなライバルはいたけど、自分がノーミスをすれば勝てるという状況でずっと戦っていたし、自分のスケートに対する信念は揺るがなかった。しっかり進化して自分が思い描く演技をすることに集中して戦っていました。でも19年世界選手権のあとからは、〝対・誰か〟を考えながら滑る、またはできない自分に怒りを持ちながら滑るというのはずっとあったように感じます。

特にGPファイナルでは、ショートの前は帯同してくれる予定のジスランにアクシデントがあり、どうするかと話し合う中で消耗もしていました。自分一人で挑むと決意して臨んだショートは、今思えば大きな負担もあり、最後の最後までうまくまとめることができずに、ネイサン選手に大差をつけられてしまって。でも、そのおかげでリミッターを外すことはできたと思います。4回転アクセルの練習も含め、皆さんの前で跳ぶことの意義とか……。トリノは五輪が行われた場所というすごく大きな意味がある、憧れていた場所でもありましたし。そして点差的にもある意味、諦めというか『あぁ、これは勝てないんだな』というのを悟って練習にも行っていたので、『勝てなくても4回転アクセルだけはここに刻んで、爪痕を残してやる！』と思いながら跳んでいました。

だから何か得たかと言われると、僕の中でファイナルは失うばかりの試合だったので、今思い返してもあまりないですね。ただ、意味がなかったとは思っていなくて。そこではある意味、怪我をしてもいいから、頭を打ってもいいから、フリーに出られなくてもいいから、というくらいの覚悟で4回転アクセルに挑んでいました。そこでなりふり構わずがむしゃらに挑んだおかげで、皆さんの前で4回転アクセルをやることの壁を取っ払えていたと思うので。もしかしたらのちのち試合で4回転アクセルを跳ぶにあたって意味があったことかな、という風には振り返ることもできると思います。

それに、今考えていて一つだけ浮かんだ風景は、後半の4回転3本とルッツとループを含めた構成を試合ではちゃんと立ち続けられて、自分の中ではものすごく達成感があったことです。実際は勝てなかったので見直すことがない試合ですが、あの時送っていただいた声援とか応援の形が、自分の中では強く、強くイメージとして残っているので。『勝つ！』と思いながらも心の底では諦めているみたいな試合でしたけど、あの時いただけた声援などは、順位だとか点数以上だったなと感じています。ただ、自分のスケートに関しては、自信も自分のプライドも、すべてを捨てて選んだルッツと後半3本の4回転の構成だったので、失ったものの方が圧倒的に多かったかなと思います」

――あのファイナルの挑戦があったからこそ、自分らしいフィギュアスケートをやりたいと思い、プログラムを『バラード第1番』と『SEIMEI』に戻したのではないかと思いました。

「どちらかといえば、ファイナルというより全日本の方が大きいですね。もちろんファイナルのフリーでは特にやりきって、『点数はこんなものか。まあこういう時代なんだもんな』

というのと、『自分がそこまでやりきれてなかったんだな』という反省とか、いろんなことがごちゃ混ぜになりながら。特にルッツに関しては手ごたえはすごくいいものがあったから、『自分がやったとしてもこんなものか』と自分自身に落胆していたし、諦めみたいなものがありました。でも全日本では負けたくないとすごく思っていて、実際に体調も頑張って整えて、いろんな方がサポートしてくださったうえであの演技だったので。ファイナルでほとんど失っていたものを、全日本ですべて失ったという感じです（笑）。だから『バラード第1番』と『SEIMEI』に戻したのは、どちらかというと全日本で勝てなかったことが大きかったですね。

あの時は、自分のスケートに対する自信もなくなっていました。自分がジャンプを跳んでもGOE評価が±3だったころに比べて、圧倒的に満点を取れるジャンプがなくなっていた。同じ感覚かそれ以上にいいジャンプだったとしても、なかなかマックスの点数が取れない。『良くなっているのにな』という感覚と評価が合わないというのがどんどん自信のなさにつながっていたので。じゃあ思い切って自分がGOEでほぼマックスを取って、PCSもマックスを取ったプログラムを今自分が滑ったら、どのくらい点数が変わってくるかと思ったんです。自分が今『バラード第1番』を滑れば、圧倒的に2015年よりうまくなっているはずだと。それだけ練習を積み、コーチや周りの人が見ても『うまくなっているね』と言われている状況の中で同じ構成で跳んだとして、15年のファイナルより点数が高くなるか低くなるか。平昌五輪の時より高くなるか低くなるか。それを試してみたくなったんです。昔よりも圧倒的に、特に15-16年シーズンより絶対にうまくなっていると思っていたので。あのころは言えなかったけれど、正直、それで自信を取り戻したいなと思ってプログラムを戻したというのはありました」

——2020年四大陸選手権の『バラード第1番』は、これまで以上に素晴らしい演技で、羽生結弦自身のすべてが注ぎ込まれているような演技だと感じました。それをできたことで、あのシーズンの迷いや、荒ぶる心がすべて解決したのではないかとも思いましたが。

「あれは羽生結弦自身というよりも、自分でもあの時の『バラード第1番』が一番よかったと思っていますし。でも一番よかったはずなのに、15年のGPファイナルの方が圧倒的に評価が高いんですね。もちろん採点法は変わっているので単純に評価することはできないと思うのですが、ただPCSの採点法は変わっていないはずなのに点数は前の方が出ているんですね。

逆に言えば、僕があの時点で迷いが吹っ切れたのは、『あぁ、どれだけスケートがうまくなっても、どれだけ表現を進化させても、音にもっともっと合うようになったとしても、これ以上決定的に（評価が）変わることは一生ないんだろうな』と思ったからです。それはある意味、『バラード第1番』はもう表現し尽くすところまでいけたんだなと。そう思った時に、『じゃあ、ジャンプでいいじゃん。ジャンプをうまく跳んだ方がいいじゃん』って（笑）。

ただ一方で、ジャンプをうまく跳べば勝てるという感情がそこまで湧ききれていなかったのは、GPファイナルでジャンプを頑張って跳びにいき、ルッツもきれいに跳べてループもきれいに跳べているのにGOEが出しきれなかったというのと……。あとは四大陸での『バラード第1番』で、平昌五輪とは比べものにならないくらいにほぼ完璧なジャンプを、すべてステップから組み込んで音にもピタッとはめて、表現しようとする世界観をまったく崩さない、自分の中ではほぼ完璧だったと言ってもいいジャンプを揃えたうえでの演技だったのに、マックスのGOEが出なかった。スピンではむしろ3とか2もあったということを考えた時に、いろんな意味で迷いはなくなりました。何か、『そうか』っていう……。『そういう競技なのか』って。そういうことしか評価されないんだなという、諦めみたいなものは正直ありました。

だからあの時に僕が察したのは、今から僕がやれることはベースバリューを上げることしかないんだなということ。あとは新プログラムを作った時に、もっともっと僕自身が自分でいられるようなプログラムでいいんだと。『Origin』や『Otonal』のように誰かに捧げるために滑るのではなく、『SEIMEI』や『バラード第1番』みたいに自分が心地よく滑れる、そして自分を表現できるプログラムを作ることが、競技フィギュアスケーターとしてやれることかなと思いました。あのころは本当にスッキリした顔をしていたと思うのですが、あのスッキリした顔には、わりと諦めみたいなところもあったと思います」

――そんな思いになったからこそ、自分が何のために4回転アクセルに挑戦するのか。競技者として何を成し遂げたいかというのも明確になってきたのではないですか。

「そうですね。競技としてやるべきことは、ベースバリューを上げること。そのうえで4回転ルッツの確率をしっかり上げていくことであるとか……。でも体力的な限界もあって4回転をずっと跳び続けるのは無理があるし、4回転ルッツを跳んで4回転アクセルを跳ぶのは不可能だろうと自分の中では思ったので。それで僕はルッツではなくて、4回転アクセルをしっかり跳んでベースバリューで勝つしかないなと思いました。正直、それでも『勝てないかもしれない』というのはずっと思っていましたけど、でもとにかく4回転アクセルは跳ぶ。それが、競技者として成し遂げたいものにはなっていたと思います」

3月18日からカナダ・モントリオールで開催される予定だった世界選手権では、国際スケート連盟が新規創設したISUスケーティングアワードも開催されるはずだった（その後、7月に開催されたオンライン授賞式で羽生は初代MVS【Most Valuable Skater：最優秀選手賞】を受賞）。だが開催直前になって、新型コロナウィルス感染拡大のために中止になってしまった。

練習拠点のトロントでそれを知らされた羽生は、現実を冷静に受け止めた。

「中止というのを聞いた途端、びっくりして涙が出た感じです。自分の中では世界選手権へ向けた心の準備が、うまくできていなかったところもありましたし、何か中途半端で宙ぶらりんの感覚だったので。それで実際になくなったとなった時、『あぁ、ないんだ……』と思ったら涙が出てしまったという感覚で。すごく悲しいとか、つらいとかではなく、緊張の糸がプツンと切れちゃったかなという感じの、何か不思議な感覚でした。

でも、それでモチベーションが下がるということはなかったですね。むしろ『シーズンオフになるので、スケーティングの練習や4回転アクセルの練習がしっかりできる』という気持ちになりました」

それからしばらくすると、練習拠点のトロント・クリケット・クラブが明日から閉鎖になるという通知がメールで来た。さらに、「もしかしたら空港も閉鎖されるかもしれない」という話もあり、日本に戻ることを決断した。

羽生結弦は一人で、４回転アクセルと向かい合っていく道を踏み出した——。

2020年四大陸選手権でプログラムを変更。
SP『バラード第1番』

2020年四大陸選手権で
SPの世界最高得点111.82を更新

2020年四大陸選手権FS、
プログラムを『SEIMEI』に変更

2020年四大陸選手権で優勝し、
スーパースラムを達成

2020年四大陸選手権エキシビション。
翌年はシドニーで開催予定だったが、
その後中止となった

羽生結弦（はにゅう・ゆづる）

4歳からスケートを始め、2004年全日本ノービス選手権（Bクラス）優勝。2007年全日本ノービス選手権（Aクラス）優勝。2008年全日本ジュニア選手権優勝。09-10シーズンは2009年全日本ジュニア選手権、2009年ジュニアGPファイナル、2010年世界ジュニア選手権すべてで優勝を果たす。

10-11シーズンからシニアに移行し、2011年四大陸選手権で銀メダルを獲得。3月11日、仙台で練習中に東日本大震災に遭う。2012年世界選手権において日本男子史上最年少で銅メダルを獲得。

12-13シーズンよりカナダ・トロントに練習拠点を移し、2012年全日本選手権で初優勝。2013年GPファイナルで初優勝し、2014年ソチオリンピックで日本男子初の金メダルを獲得。2014年世界選手権で初優勝、GPファイナルを4連覇（13～16年）、全日本選手権を4連覇（12～15年）。

2016年オータムクラシックで史上初の4回転ループに成功。2017年世界選手権で2度目の金メダルを獲得。2018年平昌オリンピックで優勝し、男子シングル66年ぶりの五輪2連覇を果たした。その後は度重なる怪我とも戦いながら2020年四大陸選手権で初優勝し、男子史上初となる主要国際大会6冠のスーパースラムを達成した。

構成……………………折山淑美
撮影……………………浅倉恵子

デザイン・DTP……河合秀和
校閲……………………大島祐紀子
編集……………………大久保かおり
協力……………………team Sirius

本書は下記に掲載された初出原稿を元に追加取材し加筆・再構成したものです。
「web Sportiva」「Sportiva フィギュアスケート特集号」(集英社)
アイスクリスタル会報誌「Crystalline」
「Fantasy on Ice」プログラム
「Heroes & Future 2018 in NAGANO」プログラム

蒼い炎Ⅲ ―究竟編―

発行日……………………2023年1月31日　初版第1刷発行

著者……………………羽生結弦
発行者…………………小池英彦
発行所…………………株式会社　扶桑社
〒105-8070
東京都港区芝浦1-1-1 浜松町ビルディング
電話　03-6368-8870(編集)
　　　03-6368-8891(郵便室)
www.fusosha.co.jp

印刷・製本……………凸版印刷株式会社